創元ビジュアル科学シリーズ❶
Pavlov's Dog

パブロフの犬
実験でたどる心理学の歴史

Groundbreaking Experiments in Psychology
by Adam Hart-Davis

アダム・ハート＝デイヴィス 著
山崎正浩 訳

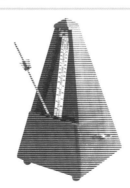

創元社

著者　アダム・ハート＝デイヴィス（Adam Hart-Davis）
1943年生まれ。オックスフォード大学で修士号、ヨーク大学で博士号を取得。専攻は化学。科学書の編集やプロデューサーとしてテレビ番組制作に携わった後、著述家、写真家、歴史家、テレビ番組の司会者として活躍。著書は30冊を超える。主な著書に『サイエンス大図鑑』（河出書房新社）、『時間の図鑑』（悠書館）、『世界を変えた技術革新大百科』（東洋書林）などがある。

訳者　山崎正浩（やまざき・まさひろ）
翻訳家。訳書に『地図と絵画で読む聖書大百科』『図説ギリシア・ローマ神話人物記』『武器の歴史大図鑑』『第一次世界大戦の歴史大図鑑』『10才からはじめるプログラミング図鑑』（いずれも創元社）などがある。

PAVLOV'S DOG by Adam Hart-Davis

Copyright © Elwin Street Productions Limited 2015
Conceived and produced by
Elwin Street Productions Limited
10 Elwin Street
London E2 7BU
www.elwinstreet.com

All rights reserved. No part of this book may be used or reproduced in any manner whatsoever without written permission from the publisher except in the case of brief quotations embodied in critical articles or reviews.

Japanese translation rights arranged with Elwin Street Productions Limited, London through Tuttle-Mori Agency, Inc., Tokyo

創元ビジュアル科学シリーズ❶
パブロフの犬──実験でたどる心理学の歴史

2016年11月20日　第1版第1刷発行
2021年11月10日　第1版第3刷発行

著　者　アダム・ハート＝デイヴィス
訳　者　山崎正浩
発行者　矢部敬一
発行所　株式会社　創元社
　　　　〈本　　社〉〒541-0047 大阪市中央区淡路町4-3-6
　　　　Tel.06-6231-9010　Fax.06-6233-3111
　　　　〈東京支店〉〒101-0051 東京都千代田区神田神保町1-2 田辺ビル
　　　　Tel.03-6811-0662
　　　　https://www.sogensha.co.jp/
装　丁　濱崎実幸

Japanese edition © 2016, Printed in China　ISBN978-4-422-11627-3 C0311

落丁・乱丁のときはお取り替えいたします。

本書の感想をお寄せください
投稿フォームはこちらから▼▼▼

|JCOPY|〈出版者著作権管理機構　委託出版物〉
本書の無断複製は著作権法上での例外を除き禁じられています。複製される場合は、そのつど事前に、出版者著作権管理機構（電話03-5244-5088、FAX03-5244-5089、e-mail: info@jcopy.or.jp）の許諾を得てください。

パブロフの犬　目次

まえがき　6

第1章 はじまり　1848年〜1919年　8
- 1881年　ミミズに知能はあるのか？　　　　　　　　ダーウィン　10
- 1896年　上下が逆転した世界で暮らせるか？　　　　ストラットン　13
- 1898年　あなたの猫はどれほど賢いか？　　　　　　ソーンダイク　16
- 1901年　パブロフという名前がベルを鳴らすのか？　パブロフ　19
- 1910年　パーキーのトマトを思い浮かべられますか？　パーキー　22

第2章 行動主義の挑戦　1920年〜1940年　26
- 1920年　アルバート坊や、どうしたの？　　　　　　ワトソンとレイナ　28
- 1927年　未完の仕事が気になりますか？　　　　　　ツァイガルニク　31
- 1932年　物語を語るのは得意？　　　　　　　　　　バートレット　34
- 1938年　動物はどのように学習するのか？　　　　　スキナー　37
- 1939年　心理学に生産性向上に寄与できるか？
  　　　　　　　　　　　　　　　レスリスバーガーとディクスン　40
- 1939年　民主主義をどのようにマネジメントするか？
  　　　　　　　　　　　　　　　　　　　　　　　　レヴィン他　43

第3章 変化する焦点　1941年〜1961年　46
- 1948年　ラットは心の中に地図を描けるか？　　　　トールマン　48
- 1952年　子どもたちは何を考えているの？　　　　　ピアジェ　51
- 1953年　あのうるさい音は何だ？　　　　　　　　　ヘラーとバーグマン　54
- 1956年　世界の終わりは近いの？　それとももう来たの？
  　　　　　　　　　　　　　　　　　　　　　　　　フェスティンガー他　57

1956年	周囲からの圧力に屈しますか？	アッシュ	60
1959年	赤ん坊はどのように愛着心を持つのか？	ハーローとツィンマーマン	64
1960年	短期記憶はどれほど短期間で失われるか？	スパーリング	67
1961年	学習の結果、乱暴者になるのか？	バンデューラ他	70
1961年	うちらの仲間でいたいかい？	シェリフ他	73

第4章 精神、頭脳、そして周囲の人々
1962年～1970年 76

1963年	どこまでやるの？	ミルグラム	78
1963年	盲目から回復できるか？	グレゴリーとウォレス	81
1965年	目は心の窓なのか？	ヘス	84
1966年	「大丈夫ですか、先生？」	ホフリング他	87
1966年	あなたはスペース・インベーダー？	フェリペとソマー	90
1967年	脳を半分に切断したら何が起きるか？	ガザニガとスペリー	93
1968年	傍観者はなぜ傍観しているのか？	ダーリィとラタネ	96
1968年	期待されただけで結果が良くなるのか？	ローゼンタールとヤコブソン	98
1970年	「奇異な状況」で幼児はどのように振るまうか？	エインズワースとベル	101

第5章 認知革命 1971年～1980年 104

1971年	善人は悪人になれるのか？	ジンバルドー	106
1971年	論理的に答えを選べるか？	ウェイソンとシャピロ	110
1973年	精神科医はあなたが正常かどうかを見極められるのか？	ローゼンハン	113
1973年	賞品は子どもたちのやる気を削ぐか？	レッパー他	116
1974年	あなたの記憶はどれだけ正確か？	ロフタス	119

1974年	どのように難しい決断を下すのか？		
		トベルスキーとカーネマン	122
1974年	恐怖は恋心を芽生えさせるのか？	ダットンとアロン	125
1975年	犬は抑うつ状態になるのか？	ミラーとセリグマン	128
1976年	耳だけで聞き取れるのか？	マガークとマクドナルド	131
1978年	どのようにして世界の半分を失っているのか？		
		ビジャッキ	134

第6章 意識の中へ　1981年〜　　　136

1983年	本当に自分自身をコントロールできているのか？		
		リベット他	138
1984年	実務は能力を向上させるのか？		
		ベリーとブロードベント	142
1985年	自閉症スペクトラムの子どもは世界をどのように見ているのか？	バロン＝コーエン他	145
1988年	祈る人々は治療に貢献できるか？	バード	148
1993年	人の顔を覚え続けていられるか？		
		マクニールとウォリントン	151
1994年	超感覚的知覚は存在するのか？	ベムとホノートン	154
1995年	なぜ違いに気づかない場合があるのか？		
		シモンズとレヴィン	157
1998年	偽の手を自分の手と混同するだろうか？		
		コスタンティーニとハガード	160
2000年	なぜ自分をくすぐれないのか？	ブレイクモア他	163
2001年	数字の7はどのような味だろうか？		
		ラマチャンドランとハバード	166
2007年	体外離脱は絵空事か？	レンゲンハーガー他	169

索　引　172
用語解説　174

まえがき

　そもそも人間の心は自らを、すなわち人間の心を理解したいと願えるのでしょうか？ 無理な話ではないかもしれませんが、困難が伴います。その困難さこそが、心理学が諸科学の中でこれほど歴史が浅い理由なのでしょう。化学者と物理学者（「自然哲学者」と呼ばれていました）は何百年も前からいましたが、自分は心理学者だと初めて宣言した学者が現れたのはわずか150年前なのです。

　人々が心と行動について、心理学者が誕生するはるか前から思索してきたのは確かです。古代ギリシアのプラトンとアリストテレスは「psyche（プシュケー）」について記しており、「psychology（心理、心理学）」という言葉の語源になりました。もともとプシュケーは命や息を意味し、後には精神や魂を指すようになります。またギリシア・ローマ神話では魂の女神がこの名を持ちます。現在、人間の心はさまざまな切り口で分析されていますが、そのいずれの場合でも「psychology（心理、心理学）」という言葉が使われています。

　では、心とはどのようなものでしょうか。どのように働くのでしょうか。そして私たちは心を理解しようと願えるのでしょうか。16世紀のフランスの哲学者ルネ・デカルトは、脳と体は機械として振るまうと考えましたが、同時に人間は考え、感じ、決断するために心を必要としていると説きました。このような見方はデカルト的二元論と呼ばれ、心理学のほぼ全体に渡って影響を及ぼしています。乳児であっても心で考えているのだと見なし、人間の体の中にある心こそが「自己」であると認識しています。しかし学習を深めると、このような考え方は次第に信憑性を失っていきます。そもそも心理学は、最初からこの問題と格闘してきたのです。

　初めて自らを心理学者と称したヴィルヘルム・ヴントは、1879年、ドイツのライプツィヒに心理学の研究室を創設し、実験心理学（理論よりも、集められた立証可能な実験結果を重視する科学の一領域）

の父と呼ばれています。実験心理学の最初の教科書はウィリアム・ジェームズ『心理学原理』で、1890年に刊行されました。著名な自然科学者チャールズ・ダーウィンは自分を心理学者だとは思っていませんでしたが、どのような要因を基準にすれば、観察対象の動物が「知能を持つ」と証明できるかに関心を持ち、40年間に渡ってミミズを研究しました。世紀の変わり目にはエドワード・ソーンダイクが、どの動物がどの程度学習し推論できるかを調べています。

20世紀初めになると「行動主義」心理学が産声を上げます。厳密な実験方法を使って観察可能な事象だけを研究し、主観的判断や観察不可能なことがらにもとづく推測を極力排しました。後から振り返ると、この時期の研究には倫理的に問題があるものが多く、多数の研究がいまだに物議をかもす結果となっています。ただし心理学の研究が進んだのも事実であり、特に行動主義心理学はイワン・パブロフ（古典的条件づけという理論のもととなる研究を行いました）のような研究者によって大きく発展しました。

第二次世界大戦後になると、ジャン・ピアジェが子どもの認知発達について画期的な研究を行い、レオン・フェスティンガーが認知的不協和という概念を生み出します。1960年代にはスタンレー・ミルグラムが服従についての実験を行って世界の耳目を集め、1970年代に入るとドナルド・G・ダットンとアーサー・P・アロンが、恋愛感情と危険な状況に関係があるのかを実験しました。科学としての心理学は発展に次ぐ発展を重ね、日常生活のさまざまな分野に影響を及ぼしています。

本書では、これらの重要な実験をはじめとする数多くの心理学実験を取り上げ、心理学の歴史をたどります。同時に本書は、読者の自己理解をより深める手助けとなるでしょう。

第1章 はじまり

1848年〜1919年

　19世紀には科学的な心理学の萌芽が見られるに過ぎませんでしたが、チャールズ・ダーウィンの画期的な調査がかき立てた好奇心は、動物の行動にとどまらず、人間とはどのような存在かという疑問にも向けられました。ウィリアム・ジェームズ『心理学原理』（1890年）が刊行されてからは、この好奇心はさらに大きなものとなり、新しい科学の分野全般に及びます。続く数十年の間

に、エドワード・ソーンダイクが動物は学習できるのかを調べ、イワン・パブロフは犬を訓練して条件づけすれば反射行動を獲得させられることを示してノーベル賞を受賞します。これらをはじめとするさまざまな研究は、認知、行動、思考に対しての関心を高め、以後の道筋をつける働きをしたのです。

1881年の研究

- 研究者……………………
  チャールズ・ダーウィン
- 研究領域…………………
  動物行動
- 結論………………………
  ミミズに原始的な知能が認められる。

ミミズに知能はあるのか？

ダーウィンが行ったミミズの知能についての調査

　耳も目も持たないミミズは、自然環境の中でどのように暮らしているのでしょうか。学習や本能にもとづいて行動しているのでしょうか。

　チャールズ・ダーウィンは非常に優れた自然科学者であり、とても小さなフジツボから巨大な亀まであらゆる動物を研究対象にしました。1837年、ダーウィンはおじのジョサイア・ウェッジウッドにすすめられてミミズを研究対象に選び、その後40年間にわたってケント州ダウンの自宅の庭でミミズの行動を観察しました。1882年に亡くなる前に最後に刊行した書物、『ミミズの作用による肥沃土の形成およびミミズの習性の観察』（邦題：『ミミズと土』）では、観察結果を詳細に書き記しています。ダーウィンはこの書物を「ささいなことについての小さな本」と呼びましたが、刊行から2、3週間で数千部が売れました。

　ダーウィンはミミズが土を地面に持ち上げ、その結果他の物体が地中に潜る点に魅了されました。ミミズの活動こそが、石が地中に沈む理由だったのです。ダーウィンが庭に置いた、ミミズの行動観察用の石は、今も同じ庭に置かれたままになっています。ダーウィンは鉄道を利用してストーンヘンジの調査に出かけ、巨石の状況をスケッチしています。それによれば、4〜10インチ（10.16〜25.4cm）ほど沈降している巨石があるそうです。

家族の協力

　チャールズ・ダーウィンは家庭的で、子どもたちと庭に出るのが好きでした。子どもたちを助手として協力させることもあり、花壇に沿って子どもたちを整列させ、笛を合図にどの種類の花蜂（ミツバチやマルハナバチなど）がどの種類の花に止まっているかを記録させることもありました。このような独創的な方法で、ダーウィンは短時間のうちに膨大なデータを集めることができたのです。

　ミミズの研究でも子どもたちの協力を得ています。植木鉢の中に多数のミミズを入れ、子どもたちにミミズを刺激するよう指示しました。ミミズに光を当てましたが、目を持たないミミズは何の反応も示しません。光を強くし、しかもミミズの先端部に当てるとようやく反応したのです。

　子どもたちは笛を吹き、ミミズを怒鳴りつけ、ファゴットとピアノを演奏しましたがミミズはまったく反応しません。しかしミミズをピアノの上に直接置いてから鍵盤を押して音を出すと、すぐに反応したのです。ミミズは音は聞こえなくても、楽器の振動を感じることはできると思われました。

本能なのか知能なのか

　さまざまな反応実験の中で、ダーウィンを強く魅了したのはミミズが見せた知能らしきものでした。ダーウィンは、ミミズが自分で掘ったトンネルに落ち葉を引き込む習性を持つことに着目しました。

> 「ミミズは餌としてだけでなく、トンネルの入口をふさぐために葉やその他の物体をつかむが、これはミミズの本能の中でも特に強いものの1つである……クレマチスの葉柄（ようへい）が17本も、ミミズのトンネルの入口から突き出ているのを見たことがあるし、別の入口からは10本が突き出ていた。……このように入口をふさいだ数百のトンネルがあちこちに見られるだろう。特に多いのは秋から初冬にかけてである」

　最もダーウィンを驚かせたのは、ミミズがほぼ常に葉の尖った端をつかんでトンネルに引き込んでいることでした。ダーウィンは、目を持たないのになぜ葉の端がわかるのか疑問に感じます。そして、ミミ

ズがもし本能や偶然だけに頼って葉を引き込んでいるなら、葉のどこをつかむかはランダムに決まるはずだと考えます。もしランダムでないなら、ミミズは知能を使っているに違いありません。ダーウィンはミミズのトンネルから227枚の枯葉を集めて調べました。181枚（80％）は先端から引き込まれており、20枚は葉の基部から、26枚は葉の中央部から引き込まれていました。

　先端が２つに分かれた松の葉の場合、葉の基部をつかむ方が引き込みやすくなります。ミミズは尖っていない方が基部だと判断しているのでしょうか。そこでダーウィンと息子のフランシスは、松の葉の尖った先端を切り取ってみましたが、それでも大多数の松の葉は基部からミミズのトンネルに引き込まれていました。ダーウィンと子どもたちは、さまざまな葉を使って実験を行い、ミミズは葉をつかむとき、トンネルに引き込みやすい部分を選んでいるようだと判断しました。

　この説をさらに確かめるため、ダーウィンは対照実験を行います。硬い便箋を三角形に切り、葉に似せた形にしました。この偽の葉には、三角形の底辺を長くした幅広のものと、狭くした尖ったものの２種類がありました。そして試しにピンセットを使い、紙片をミミズのトンネルと同じ太さの管に引き込んでみました。三角形の先端部分をつまんで引くと、紙片は円錐状になって丸まり、まっすぐ管に入りました。三角形の辺の中央あたりをつまんで引いた場合には、管に入れるのは難しくなり、引き入れた紙片はほとんどが折れていました。

　ここまで準備を整えたダーウィンと子どもたちは、水分で形が崩れないよう三角形の紙片に脂を塗った上で、庭の芝生に大量にまき散らしました。数日後にダーウィンが調べたところ、ミミズがトンネルに入れた紙片の62％は、先端部分をつかんで引き込まれていたのです。そして三角形の底辺の幅が狭い尖った紙片ほど、先端部分から引き込まれていたものの割合が大きくなっていました。

　ダーウィンは子どもたちと一緒にこれらの実験を何百回とくり返し、次のように結論づけました。

　「これらの調査結果を考察すると、ミミズがトンネルをふさぐ際に、ある程度の知能を示しているという結論は避けがたいのである」

上下が逆転した世界で暮らせるか？

人間の脳は見えたものをどのように解釈しているのか

1896年の研究

- 研究者·················
  ジョージ・ストラットン
- 研究領域·················
  知覚
- 結論·················
  人間の脳が知覚順応することで、予期したのとは異なる「見え方」の中でも行動できる。

　何かを目で見たとき、人間の網膜には像が上下逆に投影されます。フィルムカメラのフィルム、デジタルカメラならセンサーに同じことが起きますね。19世紀後半に広く支持されていた科学理論は、ものを「正しい」向きで見るには網膜に上下逆に映る必要があるというものでした。しかしカリフォルニア大学バークレー校の教授だったジョージ・ストラットンはこの考え方に疑問を持ち、すべてが上下逆の状況でも生活できるのではないかと考えます。ストラットンは、何もかもが上下逆に見えるミニサイズの双眼鏡づくりに取りかかりました。この双眼鏡型のメガネ（以後は「逆さメガネ」と呼びます）を覗くと、網膜上には実際の状況と同じように「上下が正しく」映るのです。

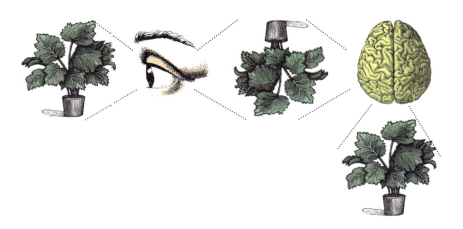

下図：見たものは上下逆になって網膜に映る。脳がもとの正しい向きに修正しているのだ。

世界をひっくり返す

　ストラットンがつくった逆さメガネは、屈折率が等しい凸レンズ2枚を、両レンズの焦点距離を合計した長さだけ離して円筒の両端にはめ込んだものでした。この円筒を通して周囲を見ると、すべてのものが上下逆に見えます。ストラットンは片方の目に1つずつ、合計2つの円筒をテープで頭に固定しました。さらに布や石膏を逆さメガネの周囲に注意深く取りつけ、レンズを通さずに光が目に届くことのないようにしました。ストラットンは逆さメガネを装着したまま連続10時間過ごし、目を閉じてからメガネを外し、何も見えないよう目隠しをした状態で眠りました。夜はまったくの暗闇の中で過ごしたのです。

　次の日も同じ手順をくり返しました。逆さメガネを1日中つけ、外すときは何も見ないよう注意しました。逆さメガネはぼやけることなくよく見え、装着感も比較的良好でした。最初、ストラットンは円筒2つを使って両眼視用のメガネにするつもりでしたが、2つの円筒の視野を調整して見やすくするのが難しかったため、左側の円筒の端を黒い紙で覆い、右目だけで見るようにしています。

　まず何もかもが上下逆に見えました。部屋はひっくり返っており、メガネの視野に入れようと手を上げると、手が上から降りてくるように見えます。はっきりと見えるにもかかわらず、最初は現実感がありませんでした。正常に見えるものの、あたかも「間違って置かれているか、偽物か、幻影」のように感じられるのです。ストラットンは、脳が目の前に何があるかを判断する際の「現実感の標準や基準」として、逆さメガネをつける前の記憶を使い続けているためだと判断します。

記憶か現実か

　ストラットンは、逆さメガネをつけて部屋の中を動き回ってみました。最初はまごつき、つまずいてしまいます。どうにか歩いたり手を正しく動かせるのは、触覚や記憶の助けを得られた場合だけで、「暗闇を歩いているよう」でした。

　ストラットンは、困難が生じる原因はすべて、逆さメガネをつける前の経験が邪魔をしていることに帰せられるようだと判断しました。

そして幼い時期から上下逆に見てきた（あるいは長期に渡ってそのような状況に置かれてきた）場合には、上下逆の見え方を異常とは感じないであろうと考えます。そこで2回目の実験では期間を長くしてみました。逆さメガネを着用して7日目には、以前よりも上下逆の光景に慣れてきたと述べ、今や「目に入る周囲の光景には完全な現実感」があるとしています。

見え方に慣れる

上下逆の世界に「完全な現実感」を持って生活できるようになっても、ストラットンはまだ生活上の困難さを感じていました。「誤った（以前とは異なる）」方向に動くのには慣れましたが、奥行きと距離を知覚するときには不都合が生じ、「手を伸ばし過ぎるか、逆に十分に伸ばせないことが多い……」という状態でした。友人と握手をしようと手を上げれば高く上げ過ぎ、紙の上のちりを払い落とそうとすれば手の動きが足りないという具合でした。また手を動かす場合でも、目を開けているよりは、目を閉じて触覚と記憶に頼った方が正確に動かせるという状態でした。

このようにさまざまな困難にあいながらも、ストラットンは次第に上下逆に見える生活に慣れていきました。夕方の散歩でも、ようやく夕暮れの景色の美しさを楽しめるようになりました。

ストラットンは実験全体を総括し、網膜にどのように映ったとしても、脳の力（後に「知覚順応」と呼ばれるようになる力）によって視覚と触覚、視覚と空間認識を一致させられるのだという結論を出しました。

上図：上下逆の光景は方向感覚を失わせるかもしれない。それでも脳は、夏の夕日を認識できるのだ。

1898年の研究

- ●研究者……………………
  エドワード・ソーンダイク
- ●研究領域…………………
  動物行動
- ●結論………………………
  動物が論理的思考や記憶を用いて学習するという証拠は認められなかった。

あなたの猫はどれほど賢いか？

ソーンダイクの「問題箱」実験

　エドワード・ソーンダイクが23歳のときに発表した論文は、行動実験に関する最初期の研究発表であり、バラス・F・スキナー（37ページ参照）など後代の研究者たちにとっての礎となるものでした。ソーンダイクは腹を空かせた猫を箱に入れ、箱の外の猫から見える位置に餌を置きました。箱には仕掛けがしてあり、猫が餌を手に入れるには、機械的な操作をして箱の扉を開くしかありません。ソーンダイクはこのような箱（パズルボックスとも呼ばれています）を15種類つくり、AからOまでアルファベット1文字の名前をつけて区別しました。最も単純な箱Aは、猫がレバーを押すだけで扉が開きます。輪になっている紐を引けば扉が開く箱もありました。レバーを押した後に紐を引き、さらに棒を押し下げるといった複雑な操作が必要な箱も用意しています。

　ソーンダイクは複数の猫を用い、同じ猫を同じ箱に入れて実験を反復し、猫が扉を開けるまでの時間を計りました。ソーンダイクによれば、猫はまず「わずかな隙間を無理やり通ろう」としたり、箱を引っかいたり噛んだりして抜け穴をつくろうとするのが常でした。餌にはさほどの興味を示さず、単に「本能的に監禁状態から脱しよう」と奮闘しているように見えたそうです。

　しかし何度も同じ箱に入れられた猫は、効率的な行動をとるようになります。「徐々に……何度も実験を重ねるうちに、猫は箱に入れられたとたんボタンや輪だけを狙って引っかくようになった」。最も単純な構造の箱の場合、最初は脱出まで160秒かかっていた猫が、24回の実験の後には6秒で脱出できるようになりました。ソーンダイクが実験回数と猫が脱出するまでの時間をグラフにしたところ、猫が徐々に脱出時間を短縮していることがわかっただけでなく、箱が複雑であるほど猫の行動には一貫性がなくなり、脱出方法を習得するまでの時間が長くなることが判明したのです。

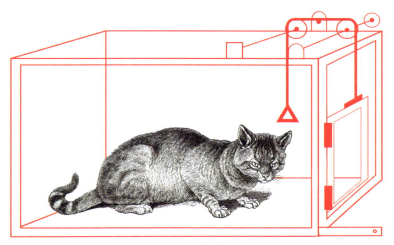

上図：頭上の紐を引かない限り、猫は箱から脱出できない。

　さらにソーンダイクは、猫が以前の経験を次に生かしていることを発見しました。引っかくことで箱Aから脱出できることを学んだ猫は、他の箱に入れられたときも「初めて箱に入れられた際の本能的な反応よりも熱心に、箱内の物を引っかく」傾向がとても強かったのです。またそのような猫に、隙間から無理やり出ようとする傾向が弱いということも明らかになりました。

猫は論理的に考えられるのか？

　19世紀には猫のような高級な動物は、観念と観念を結びつけて学習できると信じる人々が大勢いました。そして動物が知的に見える行動をとる逸話が、このような考え方を強めていたのです。ソーンダイクは懐疑的に次のように書いています。「何千という猫が、なすすべもなく扉の前に座り込み悲しげに声をあげているという状況が何千回とくり返されている。だが誰もそのことを考慮せず……わずか1匹の猫が扉のノブを引っかいただけで外に出たいという意志表示だと決めつけ、その猫がすべての猫の知性を代表しているかのように安易に考える。このような傾向がどの書物にも認められる」

　ソーンダイクは、猫が他の猫の動作を真似て学習することがあるの

かも調査しています。ある猫に、他の猫が箱から脱出する様子を見せたのです。この見学していた猫を箱に入れると、何も見ていなかったかのように試行錯誤をくり返し、脱出方法は徐々にしか習得できませんでした。

ソーンダイクは、動物が論理的思考で学習できるという明確な証拠は何もないと結論づけました。問題箱に入れられた猫の振るまいは論理的とはほど遠く、「脱出しようと発狂しているようなもの」でした。たとえなんとか脱出できたとしても、猫は脱出体験を覚えて次の機会に生かしているとは思えず、相変わらず正解とは異なる試行錯誤に時間を費やしたのです。さらに、猫が「輪を引く」という脱出方法を学んだ後に輪を取り去った箱に入れると、かつて輪があったはずの空間を引っかき続ける有様でした。ソーンダイクが箱に手を入れ、猫の手を輪にかけて引っ張らせた場合でも、猫は仕組みを学べず、次回の実験では何をすればよいかわかっていませんでした。

犬と鶏での実験

ソーンダイクは犬用の問題箱と、鶏用の囲いを組み立てました。鶏の場合は台に乗る、紐を引く、鋲をつっつくなどの動作で囲いが開くようになっていましたが、最も複雑な種類の囲いでは、らせん状の階段を昇って穴をくぐり抜け、横に渡した梯子の上を歩き、出っ張りの上から飛び降りなければなりませんでした。猫と同じように、犬も鶏も実験を重ねるうちに短時間で脱出できるようになりましたが、鶏は学習に犬や猫よりも時間がかかりました。

ソーンダイクは論文に次のように記しています。「実験する側（の人間）が巧妙になるに従い、当初の粗削りな実験手法は改善されており、実験結果は非常に価値あるものになっているはずだ」。実際、この言葉の通りで、ソーンダイクは問題箱の実験で行動心理学という新しい科学の礎を築いたのでした。

パブロフという名前が
ベルを鳴らすのか？

学習で獲得された反応と古典的条件づけ

1901年の研究

- 研究者……………………
  イワン・パブロフ
- 研究領域……………………
  動物行動
- 結論……………………
  条件づけによって、自然のままでは反応しない刺激に対する強い反応を引き出せる。

　1890年代後半から1900年代前半にかけて、ロシアの生理学者イワン・パブロフは消化作用の分野で先端的な実験を行っていました。犬を実験対象に選ぶことが多かったのですが、他にも多様な動物実験と観察を行う中で、どの実験動物も白衣を着た助手が餌を持ってくるとよだれか唾液を出し始めるのに気づきました。

　パブロフは長年の研究の末、餌や異物が口に入ると無条件反射（外からの刺激に対する無意識の反応で、即座に反応する場合が多い）によって唾液が分泌されることを知ります。この反応は消化を助けるとともに、望ましくない液体を薄め、異物を吐き出すのにも役立ちます。

　パブロフはこの反応を「精神分泌」と呼び、「（餌と容器が）犬から少し離れた場所に置かれると同様の反射による分泌が引き起こされるが、このとき作用する受容器は嗅覚と視覚に関わるものだけである」と記しています。餌が入っている容器でさえ、消化のための反射——実際に餌を与えられたときと寸分たがわない——を引き起こすのに十分な刺激だったのです。

　さらにパブロフは、助手が入室するだけで、餌を持って来たかどうかに関係なく犬が唾液を出し始めるのにも気づきます。パブロフは「容器を持った人物を見ただけ、あるいはその足音を聞いただけで反射が引き起こされる」と記し、犬たちは助手——あるいはその白衣——を餌の到着と結びつけて学習し、白衣を着た助手を見ると餌を期待して唾液を分泌したのだと判断しました。

　そこでパブロフは、餌と関係ない合図によって、犬が唾液を分泌するようにはできないだろうかと考えます。まず、餌が実験室に持ち込まれる直前に、メトロノームのカチカチという音を犬に聞かせてみました。案の定、わずか2、3日で、犬たちにメトロノームの音を聞かせさえすれば、たとえ餌が見えなくても唾液を分泌するまでになりま

した。パブロフは実験の1つについて詳しく書き残しています。

「特定の刺激が与えられない限り、唾液腺は不活発なままである。しかしメトロノームが拍を打つ音が耳に入ると、9秒後には唾液の分泌が始まり、45秒後には犬は唾液を11滴垂らしていた。このように、餌とはかけ離れた音の刺激をきっかけに、唾液腺の活動が呼び起こされた……メトロノームの音は餌の合図になっており、動物はこの合図が餌そのものであるかのように、餌を見たときと同じ反応をする。メトロノームが打つ音を聞いた時の犬の反応と、餌を実際に見た時の犬の反応に、違いを認めることはできなかった」

パブロフは他の方法で刺激を与える実験も行っています。ブザー、バニリン（バニラの香りの主成分）の匂い、そしてベルも試したことでしょう（ただし仲間の研究者の1人は、パブロフがベルを使ったことは一度もないと語っています）。パブロフは電気ショックすら試しています。どの刺激も、餌を見せる数秒前に与えました。もし餌を見せてから――たとえ1秒後でも――刺激を与えてしまうと、以後、刺激を与えても犬はまったく反応しませんでした。

無条件反射と条件反射

パブロフは、犬は生まれつき、餌を見ると反射的に唾液を分泌するようになっていると指摘しました。このような反射を「無条件反射」といいます。これに対し、メトロノームの音を聞いて引き起こされた反射を「条件反射」と呼びます。パブロフは2つの違いを、当時設置されたばかりの電話の仕組みで説明しています。

> 「私の家と研究室は専用線で結ばれている……また交換台を通して電話をつなぐこともできる。しかしどちらの方法でつないでも結果は同じである。2つの接続方法の違いは、専用線は常に接続されていていつでも使えるが、もう1つの方法では、まず交換台との接続を確立しなければならないという点だけだ……反射にも、この2つの電話の接続方法と同様の違いがある」

二次条件づけ

犬が条件反射をするようになれば、二次条件づけが可能になります。まず餌が到着する直前から犬が唾液を分泌するまで、メトロノームを鳴らし続けるという作業をくり返し行います。次にメトロノームと一緒にベルを鳴らし、犬が唾液を分泌するだけでなく、ベルの音と餌を結びつけるようにします。この条件づけが行われると、犬は、ベルだけが鳴った直後に餌が届くという経験をしなくても、ベルが単独で鳴っただけで唾液を分泌するようになるのです。

ここで取り上げてきた条件づけの過程全体が「古典的条件づけ」と呼ばれ、以後に行われた、行動と学習に関するいくつもの実験の基盤になりました。古典的条件づけを基礎として行われた実験の中には、賛否両論があるアルバート坊やの実験（28ページ参照）も含まれています。

1910年の研究

- **研究者**……………
  メアリー・チヴス・ウェスト・パーキー
- **研究領域**……………
  認知と知覚
- **結論**……………
  何かを想像するよう指示されたとき、脳は想像したものと現実に知覚したものの区別をつけにくい。

パーキーのトマトを思い浮かべられますか？

知覚、記憶、想像を比べてみる

アメリカの心理学者メアリー・チヴス・ウェスト・パーキーは1910年頃、人間はどのように想像するのかを調べるため、一連の巧妙な実験を行いました。まずパーキーは現実のイメージ（像）と心で思い描いた心像を比べることから始めました。パーキーの言い方では、知覚された像と想像心像を比べたのです。

被験者はすりガラスの小さなスクリーンを見るよう求められます。そして中央に描かれた白い点を見つめ、トマトやバナナなど（白以外の）色のついたものを想像するよう指示されました。同時に、被験者から見えない場所に設置された投影機を使い、指示と同じものの色つき画像をスクリーンにうっすらと映すのです。色は非常に薄く、被験者が知覚できるぎりぎりの濃さでした。例えばトマトを想像するよう指示があったときは、トマトの形のステンシルが投影機とスクリーンの間に置かれ、スクリーンには赤いトマトの画像がうっすらと映されます。当初、ステンシルはガーゼで縁取られ、はっきりとした輪郭が出ないようにされました。またステンシルをゆっくりと左右に揺らし、投影される像が揺れるよう工夫されました。

その後、輪郭をはっきりさせるためにガーゼは次第に取り去られましたが、それでも投影される像はぼやけ過ぎでした。一方、被験者には何を想像するかが伝えられ、赤いトマトの次は青い本、そして濃い黄色のバナナ、オレンジ、緑の葉、淡黄色のレモンという順でした。

実験装置のセッティングには手がかかりました。2人の助手は、当時の扱いにくい投影機の操作に加え、ステンシルの配置と交換を音を立てずに行わなければなりませんでした。加えて、被験者の近くに座る実験者と連携をとる必要があったのです。そのため実験が台なしになることもありました。目隠しの暗幕が滑り落ちたり、照明機材のアームがスクリーンを叩くなどの事故で、実験が中止に追い込まれたのです。

本物か空想か

24人を被験者とした実験では、全員が指示された通りのものを想像できたと答えましたが、スクリーン上の画像が被験者の近くにいる実験者にはっきり見えるほど濃くされるまで、画像について報告した被験者はいませんでした。

また「確かにすべてのものを想像しましたか？」と尋ねられた被験者全員が、この質問に驚き、ときには立腹さえしました。そして想像できたことは確実だとして、以下のように述べています。

- 指示されたものすべてを想像したし、すべては自分が想像したものだ。
- 想像したものは心の中に思い浮かべた。
- バナナは立てた状態のものを想像した。心の中で、バナナは縦にのびて形を整えていったに違いない。

実際には、横向きに置かれた状態のバナナを思い浮かべ始めたにもかかわらず、心像として完成したのは立てたバナナ

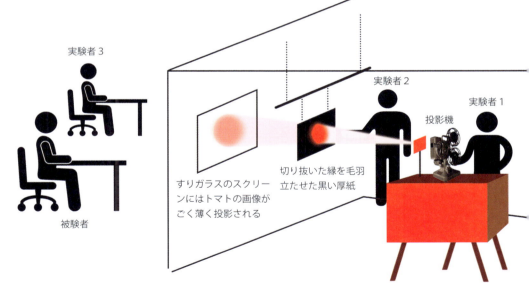

パーキーの実験の舞台装置

実験者3
被験者
すりガラスのスクリーンにはトマトの画像がごく薄く投影される
切り抜いた縁を毛羽立たせた黒い厚紙
実験者2
投影機
実験者1

だったことに少し驚いた被験者が何人もいたのですが、疑いを抱くことはなかったようです。ある大学院生は、心像に背景まで付け加えました。トマトは缶詰のパッケージに描かれ、本には読めるほどはっきりとタイトルが書かれており、レモンはテーブルの上に横たわっていました。

　この実験で示されたのは、人間が見ているものと同じものを想像している場合、知覚した像と想像した心像を判別するのが非常に困難だということです。これを「パーキー効果」と呼び、現代においても認められている理論です。

想像された心像と、想起された（記憶からの）心像

　パーキーが次に取りかかった実験は、想像によって生み出された心像（想像された心像）と、記憶に影響された心像（想起された心像）を判別することでした。パーキーは、ベッドルームや自宅など自分にとって身近なものを心に思い描こうとすると、どうしても自分の記憶に行き着いてしまうことに気づいていました。また、そのような身近なものを思い浮かべて考え事をすると、それらを探すかのように目が動くことに着目しました。それに対して、パーキー自身が身近なものとは感じていない樹木やボートを思い浮かべると、記憶ではなく想像力に頼らざるを得ず、目を動かすこともありませんでした。パーキー

の脳は、思い浮かべる対象が身近かどうかによって、異なる方法を使い分けているようでした。

　現代の心理学者であれば、この現象を実験で確認するために、レーザーを使った視線追跡装置を使うでしょう。ですが1910年には、レーザー装置は発明されていませんでした。パーキーは、目の動きを追うための手段を考え出さなければなりませんでした。

　パーキーが発明した方法は以下の通りです。被験者は暗い部屋に座り、何か身近なものと、身近とは感じないものを思い描くよう求められます。この間、被験者の目の前の壁には明るい光点が1つ設置され、被験者はこの点を見つめ続けるよう指示されます。他にも被験者の視界のわずかに外となる位置に複数の光点が設置されました。426例の実験のうち212例では記憶から心像がつくられ、その90％で、被験者は正面以外の場所にある光点を目にしたと述べています。別の場所の光点を見たということは、目が動いたことにほかなりません。

　この212例以外の214例は想像によって心像がつくられたわけですが、その68％で目の動きは認められませんでした。被験者の目が動いたのは、動物が目の前を走って横切る場面や、目を動かさなければ全体を見られない雄大な景色を想像したときでした。被験者が自身の姿を思い浮かべるケースもあり、「誰かがボートの中にいると思ったら、自分だったようだ」と感想を述べる被験者がいました。

　さらにパーキーは、記憶にもとづいて音を思い浮かべるとのどが動き、想像によって思い浮かべるとのどは動かないことと、匂いの場合でも、記憶にもとづいて思い浮かべたときに鼻孔が動くことを発見しています。

　パーキーは次のように述べています。「記憶が心の中に形づくるのは、親近感や本質的に心地よいと認識したものであり、想像が心の中に形づくるのは、親しみがないものや新奇なものである」。パーキーは、記憶による心像は目などに身体的な動きを引き起こすが、想像で心像を思い描くにはじっとしている必要があり、心像が身体を動かすこともないとしています。また記憶による心像は断片的でかすんだものであり、残像を残すことはありませんが、想像による心像ははっきりとして完成されたものであり、時には残像を残すこともあるとパーキーは結論づけています。

第2章 行動主義の挑戦
1920年～1940年

　エドワード・ソーンダイクとイワン・パブロフの研究が広く知られると、心理学者たちは人間と動物の行動に一層目を向けるようになりました。多岐に渡る画期的実験が行われ、心理学は科学としての体裁を整えていきます（中にはジョン・B・ワトソンがアルバート坊やに対して行った古典的条件づけ実験のように、今日の基準では虐待に当たるものもありました）。間違いなく最も名の通った行動主義心理学者であるバラス・F・スキナーは、ラットと鳩を使う巧妙な実験装置を考案し、それらの動物がどのよ

うに学習するかを解明しました。ベルリンでは「ゲシュタルト」心理学の学者たちが、混沌とした世界の中で意味のあることがらを知覚する人間の能力について、理解を深めようと奮闘していました。そしてアメリカ合衆国では科学者たちが工場に押しかけ、効率性と生産性を上げる新しい方法を開発しようと試みていました。ビジネスにおける心理学の利用が始まったのです。

1920年の研究

- **研究者**……………
  ジョン・B・ワトソン、ロザリー・レイナ
- **研究領域**……………
  行動主義心理学
- **結論**……………
  人々の行動が1人ひとり異なるのは、学習経験と生育環境がそれぞれ異なるためである。

アルバート坊や、どうしたの？

人間を対象とした古典的条件づけの研究

　アルバート・バーガーあるいは「アルバート坊や」として知られるようになった赤ん坊は、おとなしく、だだをこねない健康な子どもでした。体重は約9.5kg、生後9ヶ月で、生まれてからの大半の時間を、母親が乳母として働いていた病院内で過ごしてきました。

　1919年、心理学者のジョン・B・ワトソンと教え子で大学院生のロザリー・レイナは、イワン・パブロフが犬に対して行ったような条件づけ（19ページ参照）が、人間にも同じように有効かどうかを検証する実験を行いました。ワトソンは、アルバートが大きな音を恐れるのは、犬が唾液を分泌するのと同様、生まれながらに備わっている反射応答だという仮説を立てます。そして古典的条件づけの方法を用いれば、恐怖と直接には関係のない事物によって、恐怖感を引き起こせるに違いないと考えました。

　ワトソンとレイナはアルバート坊やを被験児として選び、まず可愛い白いラット（生きているラットです）を与えました。次いでウサギ、犬、サルなどさまざまな動物や品物を与えました。アルバートはそれらの動物に触れたがり、この時点では恐がったり泣いたりすることはありませんでした。

　次にワトソンらはアルバートの頭の後ろで鉄の棒をハンマーで叩き、驚くほど大きな音を出します。この音に対してアルバートは以下のような反応を示しました。

> 「アルバートは勢いよく跳び上がった。息は止まり、特徴あるやり方で両腕を上げた。2度目に音を鳴らしたときも同様の反応を示し、さらに口をすぼませ唇を震わせた。3度目に鳴らしたときは、アルバートは突然泣き出しひきつけを起こした。このとき、アルバートは研究室で初めて恐れを見せ、さらに泣き出したのである」

古典的条件づけ

ワトソンらは、動物、とくに白いラットに対する恐怖感を条件づけできるかの実験を開始します。白いラットを見せると同時に、鉄の棒を叩いて音を鳴らすのです。さらに、この条件づけされた恐怖感が、他の動物を見たときにもわき上がるようにできるかどうかを調べました。条件性情動反応が起きるようにする過程は次のようなものでした。

「1．白いラットをバスケットから取り出し、いきなりアルバートに与えてみる。アルバートが左手をラットにのばし、手がラットに触れたとき、アルバートの頭のすぐ後ろで鉄の棒をハンマーで叩いた。アルバートは勢いよく跳び上がり、前に倒れて顔をマットレスにうずめたが、泣きはしなかった。
2．アルバートの右手がラットに触れたときに、鉄の棒を再び叩いた。アルバートはまた勢いよく跳び上がって前に倒れ、しくしく泣き出した」

ワトソンたちは、アルバートにラットを見せて鉄の棒を叩くというプロセスをさらに3回くり返しました。その後、アルバートはラットを見ただけでしくしく泣くようになります。ラットを見せて棒を叩くというプロセスがさらに2回行われてからは、ついにラットを見るやいなや「アルバートは泣き出した。ほぼ同時にアルバートは……這って逃げ出した。あまりに速く這うので、台の端にたどり着く前にようやく捕まえられたほどだった」。このようにして、大きな音に対する無条件反射がラットに対する条件反射へと移ったのです。

反応対象を拡大する

数日後、アルバートはまだラットを怖がっていましたが、それ以

外ではだだをこねず機嫌よく過ごしていました。ワトソンとレイナは、アルバートのラットへの恐怖感が毛皮を持つ他の動物にまで拡大し、たとえばウサギを見ただけで怖がるのかを確認したいと考えます。ウサギを見たアルバートは、ウサギからできるだけ遠ざかり泣き出しました。犬を見たときは、ウサギのときほど取り乱しませんでしたが、再び泣き出します。アルバートは、綿を丸めたものさえ嫌がりました。

　ワトソンらはラットと犬を使ったアルバートの条件づけを継続し、これらの動物がアルバートに近づくとすぐに鉄の棒をハンマーで叩きました。実験から1ヶ月経ってからも、アルバートはラットと犬を見るとひどく嫌がり、ウサギを見ても落ちつきをなくす状態でした。

　この実験は当時であっても物議をかもす実験と見なされ、現在に至るまで結論の正当性と倫理面の両方で激しい批判の対象になってきました。今日ではこのような実験が許されないのは言うまでもありません。また当時、アルバートの母親が実験に正式に同意していたか疑問が残ります。ワトソン自身は実験後に倫理的な葛藤を書き残していますが、必ずしも同意できない点があります。「実験で我々が果たす役割に対しては、最初のうちはかなりのためらいを感じた……このような実験にはある程度の責任が生じる」。しかし直後にワトソンは、「アルバートが安全な保育施設から自宅の荒々しく乱雑な環境に移れば、実験で行ったような条件づけがいずれ起きるだろう」と考えて「ほっとした」と記しているのです。

　ワトソンはさらに「条件づけを取り除くこと（脱感作）」にも挑戦したいと書いています。これは条件性情動反応が出ないようにすることですが、この試みがなされる前にアルバートは病院からいなくなってしまいました。

　アルバートの条件づけの状態が続いたという証拠はありませんが、条件づけが取り除かれたという証拠もありません。アルバートのその後を追跡しようという試みは、つい最近始まったばかりです。最も可能性が高いされているのは1987年に亡くなったアルバート・バーガー氏ですが、生前に実験の件で連絡をとった人はいませんでした。

　アルバート・バーガー氏の姪によれば、氏はとにかく犬が嫌いだったそうです。

未完の仕事が気になりますか？

1927年の研究

- ●研究者……………………
  ブリューマ・ツァイガルニク
- ●研究領域…………………
  認知と記憶
- ●結論………………………
  「閉合（へいごう）」が伴わない未完の仕事や出来事は、完了したものよりも思い出しやすい（忘れにくい）。

ツァイガルニク効果

　ブリューマ・ツァイガルニクはリトアニア出身の心理学者です。実験主義的アプローチを取り入れたベルリン学派で、1920年代に研究活動を行いました。ツァイガルニクを指導していたクルト・レヴィン教授は、ウェイターはすべての支払いが済むまではオーダー内容を覚えているのに、支払いが済むとすぐに忘れてしまうことに気づきました。この発見がツァイガルニクの探求心をかき立てます。

　ツァイガルニクは研究の段取りをつけました。164人の被験者に22の課題を与えたのです。課題は、Lで始まる都市名を書き並べる、粘土で模型をつくる、厚紙で箱をつくるというような簡単なものでした。半分のケースでは、被験者が課題を完成させる前にツァイガルニクが実験を中止させました。その後調査した結果、課題を完成できなかったグループでは68％の被験者が課題の内容を覚えていましたが、ツァイガルニクが実験を中止せず、課題をやり遂げたグループでは43％の被験者しか課題内容を覚えていませんでした。

　課題の完成直前に中止の指示を受けた被験者もおり、そのような被験者では90％が未完に終わった課題の内容を思い出しました。人間は何かが完成したところを見たがるものです。そのため完了して満足した作業に比べると、未完の作業についてはより細かい部分まで覚えているのです。この現象を「ツァイガルニク効果」と呼び、私たちの生活のあちこちに顔を出します。たとえば試験後に200人の生徒を集め、問題を思い出してもらうとします。すると正しく解答できた問題よりも、答えられなかった問題の方をよく覚えているのです。

　未完の仕事について何日間も気に留めていられる理由は明らかです。それが「未完だから」です。テレビやラジオの連続ドラマのプロデューサーが、各回のエピソードを中途半端な形で終わらせる理由もここにあります。視聴者は次回の放送まで、未解決のエピソードを心に留めておいてくれるからです。

　ツァイガルニク効果の応用事例には興味深いものもあります。勉強中の学生を勉強とは無関係のスポーツや交際で妨害すると、妨害されない場合よりも学習内容をよく覚えられるかもしれないのです。常に勉強し続けて遊ぶことがな

ければ、本当に面白みのない青年に育ってしまうでしょう。ただし、このツァイガルニク効果を応用した勉強方法は、自分で自分の勉強を妨害してしまう（勉強に取りかからない）学生には効果がないということは、あえて指摘しておくべきでしょう。

妨害されて生じるフラストレーション

　作業の中断は、作業時間の見積もりにも影響を与えます。1992年に実施された実験では、被験者にGBU、TEP、ARN、FGO、OLG、UNF、TAS、TOL、EAC、UNPという3文字のアナグラム（文字の並びを変えて別の意味にする遊び）10題を解いてもらった後、所要時間はどれくらいだったと思うかを答えてもらいました。被験者が答えた所要時間の誤差は実際の時間の10％以内に収まりました。

　別のグループには、3文字からなるアナグラム20題——EDB、ANC、YDA、ODR、OTE、UME、ADL、XFO、DLI、XEA、PZI、AEG、ARO、BTI、SYE、NIF、GRA、FTI、DCO、ILE——を解いてもらいました。

　そして20題の半分まで進んだところで、前半10題の所要時間はどれくらいかを答えてもらいます。被験者は実際の所要時間よりも平均して65％長い時間を答えました。後半10題を解いた後に、再び後半10題の所要時間を答えてもらうと、今度は実際の所要時間よりも平均して35％長いだけでした。

　2番目のグループが前半の所要時間を長く感じたのは、作業を中断されて挫折感を感じていたためです。そのため、実際よりも時間がかかってしまったと感じたのです。

「閉合」の要因は役立つのか

　ツァイガルニク自身は、人間がゲシュタルト（全体性を持ったまとまりのある構造）を認識するときの「閉合」の要因（1組の括弧など、閉じた領域をつくっているものをひとまとまりとして認識しやすいこと）から、人間は作業を完了させようとするのが自然だと考えていました。つまり、人間は一度始めた作業を終わらせたがるというわけです。完了した作業はゲシュタルトとして完成し、私たちはそれについて考えるのをやめられます。指示どおりに作業を完了できないと緊張が生じ、私たちは未完の作業について考え続け、この状態は作業を完了させないと解消しません。ツァイガルニクは以下のように記しています。

「そのような緊張がどれほど強いか、そしてどれほど頑強に続くかには、明らかに大きな個人差がある。しかし一個人について見れば、ほぼ常に同じ強さ、頑強さを見せている。この緊張を解消したいという耐え難い欲求は、子どもじみたものであると同時に人間にとって自然なものである。そのような欲求が強ければ強いほど、未完の作業は、完結した作業よりもはるかに鮮明に記憶されるのである」

さらに付け加えれば、ジョン・ゴットマンは著書『What Makes Love Last?』(2013年)の中で、恋人間の口論について述べています。それによると、相手を否定したり、後悔の念を抱かせるような状況に陥って互いを無視するようになった場合に比べ、何らかの告白や議論によって問題が解決した方が、2人の関係に与えるダメージははるかに軽いとのことです。これは、前者のように相手を無視する状況になると、口論の痛みが記憶の中に鮮明に残り、危険なまでのイライラ感が絶え間なく生じるためです。人間というのは、完結や「閉合」を生活のあらゆる場面で求めているようです。

現金を渡すと台なしになる？

しかしミシシッピ大学が2006年に行った研究から、ツァイガルニク効果は現金のやり取りがあると急激に力を失う可能性があることが判明しました。学生40人に「大脳半球の活性化」を測定するために5分間の作業をやってもらいました。学生は偽の記録装置——多数の電子チップとコードがつけられたプラスチック製のヘルメットで、コードはコンピューターに接続されていました——を装着して作業に臨みます。半数の学生には1.5ドルの報酬が約束され、残りの半数は無償での参加という条件でした。実験の予定時間を半分過ぎたところで、学生に「大脳半球の活動状態を記録する」のが完了したとアナウンスがあります(記録が完了したのであって、作業の完了ではありません)。すると報酬を約束された学生の42%は直ちに作業を中止し、報酬を受け取って立ち去りました。これに対し、無償で参加した学生のうち、作業を完了させる前に立ち去ったのはわずかに14%でした。

1932年の研究

- **研究者**……………… フレデリック・バートレット
- **研究領域**……………… 認知と記憶
- **結論**……………… 想起は、単に静的なことがらを思い出すことではなく、想像や思考と同じような動的プロセスである。

物語を語るのは得意？

長期記憶の正確性

ケンブリッジ大学初の実験心理学の教授となったフレデリック・バートレットは、記憶についての長期に渡る研究生活の中で、人間が人物、写真、物語を想起する能力を実験しました。1920年代と30年代には、被験者にいろいろな短い物語を読んでもらった後に、ストーリーを思い出して語ってもらうという実験を行っています。以下は実験で使った物語のうち、バートレットが気に入っていたカナダの民話です。

「幽霊の戦い」

「ある晩、エグラクの2人の若者がアザラシ狩りのため川を下った。川を下るうちに霧が出て、辺りは静寂に包まれた。すると戦いの叫び声が聞こえてきたので、彼らは「戦士の集団だろうか」と考えた。2人は岸に逃れ、丸太の後ろに隠れた。そのとき、カヌーが近づいて来た。パドルを漕ぐ音が聞こえ、1隻のカヌーが姿を現した。そのカヌーには5人の男が乗っており、若者たちに「お前たちはいったい何を考えているのだ。我らはお前たちを一緒に連れて行きたい。上流の者どもと戦うため、川を遡っているところなのだ」と声をかけた。若者の1人が「矢の持ち合わせがない」と言うと、彼らは「矢ならカヌーに積んである」と答えた。もう1人の若者は「私は行きたくない。殺されるかもしれないし、私がどこに行ったのか、親類たちがわからなくなってしまう。だけど君は」と言ってもう1人の若者の方を向き、「彼らと一緒に行きたければ行けばよい」と告げた。そこで1人の若者は戦士の集団について行き、もう1人の若者は家に戻った。戦士の集団は川を遡り、カラマの対岸の町に到着した。町の人々が川岸まで下りてきて、戦いが始まった。大勢の人が殺された。やがて若者は戦士の1人が「急いで家に帰ろう。あのインディアンに矢

が当たったぞ」と言うのを聞き、「ああ、彼らは幽霊なのだ」と思い至った。若者は気分が悪くなることはなかったが、周りの戦士たちは若者に矢が命中したと主張していた。そこでカヌーをエグラクに戻し、若者は岸に上がって家に戻り、火を起こした。そして皆に「聞いてくれ。幽霊と一緒に戦いに行って来たんだ。味方が大勢殺されたが、攻撃してきた敵も大勢戦死した。幽霊たちは私が矢に当たったと言ったが、具合は悪くならなかった」と語った。これだけ語り終えると、その若者は何もしゃべらなくなった。そして太陽が昇ると、若者は倒れた。何か黒いものが若者の口から出て行った。若者の顔はゆがんでいた。人々は跳び上がって叫んだ。若者は死んだ」

すべては思い出せない

バートレットは第1の被験者に物語を読ませた後、その内容を思い出しながら第2の被験者に伝えてもらいました。そして第2の被験者は第3の被験者に、というように、別の被験者に物語を話していき、最終的に第7の被験者まで到達しました。別の人に次々にメッセージを伝えていく伝言ゲームという遊びがありますが、この実験も同様の結果になりました。被験者が間違えたり話を改変した結果、物語の内容は徐々に変わっていったのです。

口伝えをくり返す度に物語が変化し細部の描写が失われていくのは驚くことではありません。被験者は全員が英国の若い男性で、物語を口伝えするという方法にも、物語のストーリーにも馴染みがありませんでした。そのためたくさんの間違いをしています。特に共通して見られたのは、物語を短くしてしまうことと、細部を省略することでした。また物語のストーリー展開はよりわかりやすいものに変化──バートレットは「慣習化」と呼びました──しましたが、あまりに突飛な展開にはなりませんでした。被験者たちの文化的背景を強く反映した言葉や考えが挿入されたため、物語はより英国的になりました。例えば何人かの被験者は「アザラシ狩り」を「釣り」として、「カヌー」は「ボート」として想起しています。また被験者たちは意味がわからない要素を、忘れたり省いたりしました。

バートレットが用いたもう1つの手法は、1人の被験者に物語を読んでもらい、時間をあけて何度も──30分後、1週間後、3ヶ月後

というように——想起してもらうというものでした。この方法でも、先ほどの実験と同様の結果が出ました。

スキーマを使う

バートレットは長期記憶は「スキーマ」で構成されていると説明しました。スキーマとは「体制化された経験がつめ込まれた」もの、または「過去の反応や経験を動的に組織化したもの」です。「過去は、固有の性質を保持している要素の集まりではなく、組織化された1つのかたまりとして機能する」と考えたバートレットは、新たに入ってきた情報は、スキーマ内に以前からある情報と相互に作用してスキーマを更新するのだと結論を出しました。バートレットによれば、想起とは棚に収納された静的な情報を取り出すようなものではなく、想像や思考と基本的に変わらない動的プロセスだというのです。

つまり記憶を想起するのは、再生ではなく再構築なのです。再構築は新しい文化的背景の中で行われる可能性が高く、作業に当たって「記憶した後に加えられた意味づけ」が取り込まれることも十分に考えられます。ですから「幽霊の戦い」の実験で示されたように、何かを想起する際には誤りが避けられません。物語は、被験者の経験が持つ一般的性質にもとづいて再解釈されるからです。

バートレットは自分の発見を、テニスにたとえて説明しました。ラケットの一振りは何か絶対的に新しいものを生み出すわけではありませんが、それまでのストロークを単にくり返しているわけでもありません。1回1回のストロークは、視覚と姿勢の生き生きとしたスキーマと、その相互関係によって、文字通りつくり上げられたのです。

バートレットのスキーマという概念は、発表当時は広く受け入れられたわけではありません。しかし近年になって評価され、特に人工知能を専門とするコンピューター科学者のマービン・ミンスキーに強く支持されています。

動物はどのように学習するのか？

「オペラント条件づけ」と行動強化

1938年の研究

- 研究者·················
  バラス・F・スキナー
- 研究領域·················
  動物行動
- 結論·················
  特定の行動を習慣づける場合、罰よりも報酬を与える方が有効である。

　動物の学習についての研究は、エドワード・ソーンダイク（16ページ参照）とイワン・パブロフ（19ページ参照）が端緒を開き、アメリカの心理学者バラス・F・スキナーがさらに科学的なアプローチを行いました。スキナーは、動物が何を望み何を企てているかを理解しようとするのは無駄だと考えたのです。それよりも、実験室内の管理された環境下で実験を反復し、動物の実際の行動を観察するのを好みました。

　人間の行動を注意深く見つめたスキナーは、人間は行動の結果から学習し、報酬が与えられる場合にはその行動をくり返すものだと考えました。学校で熱心に勉強する生徒が、その好例です。スキナーは、動物も同じように学習するのではないだろうかと思いました。動物の学習プロセスを研究すれば、人間が学習する際の根本的な原理を解明できるかもしれません。

オペラント条件づけ

　スキナーはラットを実験用の箱に入れました。箱にはレバーが1つついており、ラットが押すと餌のペレットが1つ出てきます。最初、ラットは箱の中を走り回っているだけでしたが、偶然レバーに触れたことで、レバーを押すと餌が出ることに気づきました。これは、最も直接的な形での「報酬による強化」です。すぐにラットは、レバーを押しさえすれば餌を手に入れられることを学習し、1分間に5回のペースでレバーを押すようになります。

　ただしスキナーは観察できたことのみを記録しており、ラットがレバーを押すことを学習したのは、餌が欲しいからだとは決して述べていません。スキナーによれば、強化（または弱化）されたのが判明したのは行動であって、ラット自身に関して何がどう変わったかはわからないのです。スキナーはこのような学習プロセスを「オペラント条

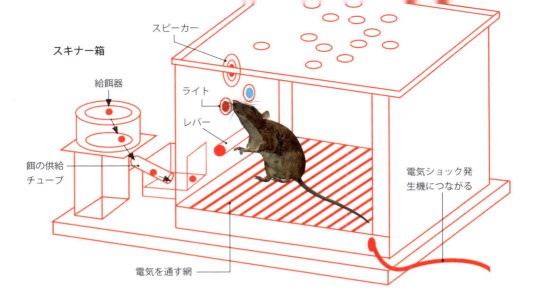

件づけ」と呼びました。ラットは何かの刺激によって学習したのではなく、ラット自身の動作（オペレートは「動作する」という意味です）によって学習したからです。スキナーの「オペラント条件づけ」は、条件反射ではなく、餌が出現するなどの環境の変化に対応して行動するという点で、パブロフやワトソンの古典的条件づけとは異なります。

「連鎖化」

　スキナー箱はソーンダイクの問題箱（パズルボックス）に似ていますが、より念入りにつくられている箱が多く、自動記録器つきのものもありました。スキナーは、ノート片手に箱の前に陣取って観察するという手間をかけず、ラットが何回レバーを押したかの正確なデータを入手できたのです。

　レバーを10回押さないと餌が出てこない箱もありましたが、ラットはすぐに学習してしまいます。この箱に入れられた後、ラットたちは「レバーを押すと毎回餌が出る」箱に入れられていたときよりも、レバーを頻繁に押すようになりました。

　スキナーは次第に箱を手の込んだものにし、レバーの操作方法を複雑化しました。ラットが不快に感じる刺激を与えることもありました。箱の中を動き回っているラットに、突然大きな音を浴びせるのです。ラットが偶然レバーに触れると、この大きな音は鳴りやむ仕掛けでし

た。この実験をくり返すうちに、ラットは箱に入れられるやいなやレバーを押すようになったのです。また他の種類の箱では、明かりが点くと同時にラットはレバーを押すようになりました。レバーを押さないでもたもたしていると、すぐに電気ショックを受けてしまうからです。

　スキナーは、1度に1つの動作を学習するというペースを守りさえすれば、単純な動作を複数つなげた手順であっても、ラットは一連の動作を学習できることを発見しました。たとえばブザーが鳴ったら振り返り、ライトが点灯した後にレバーを押せば餌が出るという仕組みです。スキナーはこのような学習プロセスを「連鎖化」と呼びました。

ラットの代わりに鳩を使う

　スキナーはラットの代わりに鳩を使っての実験も行い、壁の赤い点をつつくと餌が出るというプロセスを、鳩が学習できることを確認しています。つつく度に餌が出るのではなく間欠的に餌が出る場合でも、鳩は赤い点をつつきました。スキナーは、この鳩の行動はギャンブル用のスロットマシンの場合と同じであると指摘します。ギャンブラーたちはコインをスロットマシンに入れてレバーを引き、その結果、間欠的に当たりが出てコインが大量に出てきます。ギャンブラーは、出てくるコインの数が、それまでにスロットマシンに入れたコインの量を上回るのではないかと期待しているのです。

　またスキナーは、1度に1つの動作を学習するという条件を守れば、鳩もラットと同じように一続きの動作を学習できることを発見します。箱の中でぐるりと回ってから印をつつくという複雑な動作も鳩は学習したのです。

　スキナー自身にこのように述べています。「行動の結果が、再びその行動がとられる確率を定めている」。スキナーはこの原理を利用して理想的な社会を実現できると確信していました。そのような社会では人々はみな良い行動をし、誰もが幸せになるというのです。1948年には『心理学的ユートピア』という小説を刊行し、労働時間が1日4時間しかないにもかかわらず充実した娯楽を享受し、人々は環境に責任を持ち、性別による差別がまったくない素晴らしい共同体を描いています。

1939年の研究

- 研究者……………………
  フリッツ・J・レスリスバーガー、ウィリアム・J・ディクスン
- 研究領域……………………
  社会心理学
- 結論………………………
  従業員の考えや感情に注意を払うことで、生産性を向上できる。

心理学は生産性向上に寄与できるか？

ホーソン効果

　イリノイ州シカゴのホーソン工場は、ウエスタン・エレクトリック社によって1905年に創設された巨大工場でした。1924年、同工場に電気を供給していたゼネラル・エレクトリック社が、照明を改善すれば生産性が向上すると主張しました。そこで委員会がつくられてこの説を検証することになり、ホーソン工場の幹部が協力を申し出たのです。

　研究チームはホーソン工場の現場に赴いて生産性を計測し、生産ラインの一部を実験群、別の一部を対照群（実験結果を検証するための比較対象）に設定しました。そして実験群の照明設備のみを段階的に明るくしたのです。すると驚いたことに、実験群と対照群の両方で生産性が向上しました。そこで実験群の照明を、手元が見えないと作業者から苦情が出るまで段階的に暗くしてみたのです。ところが、実験群と対照群両方の生産性が再び上がりました。そして照明を実験開始前と同じ状態に戻しても、両群の生産性はさらに向上しました。

　この結果に興味を持った研究チームは、他の環境要因を変化させてみることにします。一連の実験の中で、最も長期に渡る実験が継電器（リレー）——電話交換機で使用される機器です——の組み立て作業場で実施されました。リレーの組み立てでは、端子、スプリング、電機子、絶縁体、コイル、ネジなど35の部品を手で組み合わせる作業を反復しなければなりません。ウエスタン・エレクトリック社では1年間に700万個のリレーを生産しており、個々の作業者の作業スピードが会社の生産量に直接影響していました。

リレー組み立ての作業実験室

　研究チームは2人の女性従業員を選び、それぞれに女性従業員を4人推薦するよう依頼しました。そしてこれらの従業員のために、専用の作業実験室を用意します。作業環境を変える場合、研究チームは作業チームと話し合いをし、ときには従業員からの提案にしたがうこともありました。

研究チームでは、女性従業員が長期間の連続作業で疲れてしまい、作業スピードが落ちるのではないかと懸念しました。そこで昼間に5分間の休憩時間を2回入れるのは可能だろうかと提案します（当時の労働環境では、実験に参加していない従業員には休憩時間は与えられていません）。話し合いの末、従業員たちは午前10時と午後2時に休憩時間を設けることを選択しました。休憩時間が短かすぎるのではないかと懸念する声もありましたが、従業員たちは休憩時間の設定を大歓迎しました。

　生産性が向上したことを知った研究チームは、休憩時間を5分ではなく10分にしてはどうかと提案します。実験に参加していた女性従業員の中には、休憩時間の穴埋めができるほど作業効率が上がるか心配する人もいましたが、研究チームは疲労が少なくなるので、現在よりも速く作業できるだろうと答えました。従業員たちは休憩時間の延長を喜び、かつてないほど大量のリレーを生産しました。しかし研究チームが休憩時間の設定を、5分間の休憩6回に変更してみると生産性は低下しました。

　次に研究チームは、午前の休憩時間を15分間にして軽食を提供し、午後の休憩時間は10分間にしました。そして終業時間を30分間くり上げてみたところ、生産量は増加しました。そこでさらに終業時間を30分間くり上げたところ、1時間当たりの生産量は増えたものの1日あたりの生産量は減ってしまいました。そこで、軽食を提供し始めた時点の就業形態に戻したところ、生産量は軽食提供開始時から30％増え、このときのリレー組み立て作業実験での最大生産量を達成したのです。

　ホーソン工場における一連の実験の最後の舞台になったのはバンク巻線作業場で、観察対象の従業員は男性14人でした。ここでは作業に対する報奨金の仕組みが導入されました。ところが驚いたことに、生産性は上がらなかったのです。この職場の従業員たちは作業量の「基準」を独自に決めており、より多く作業すればより多くの報奨金が得られたにもかかわら

ず、作業量を一定に保っていたのです。

これらの作業場における一連の実験では、研究チームが何か作業環境を変更すると、ほぼ毎回——報奨金のケースを除きます——生産性が一時的に向上しました。この事態について研究チームは、個々の従業員が、自分が注目されていると意識したことが原因の1つではないかと述べています。自分で集めた仲間と作業チームをつくり、特別な作業室を用意されたことは、従業員のやる気を高めたに違いありません。

結論

ホーソン工場での実験から導き出される結論の1つは、生産性は作業グループのメンバー間のインフォーマルな相互作用に影響されるということです。加えて、この作業グループの監督者（上司）が従業員に対し関心を持って共感的な態度で接し、従業員の努力に対して何らかの反応をすることが、生産性向上につながると考えられました。テレサ・L・ゼイジャックという女性従業員は「これほどいろいろなことが起き、こんなにたくさんの人たちが私たちを見に来るとは思ってもいなかった」と感想を述べました。しかしもう1つの可能性もあります。従業員が研究チームを喜ばせようとしたという可能性で、心理学実験ではよく見られる現象です。

ホーソン工場の技術部門の部門長ペンノックは次のように指摘しています。

> 「……女性従業員たちとの間に信頼関係と友情が生まれ、彼女たちは（工場の）監督者が求めないレベルまで作業に取り組んでくれた。ベストを尽くす理由など何もなかったにもかかわらずである。彼女たちは、以前の労働環境では今のようにすばやく作業する気にはなれないと言う。生産量が上がったのは、自由度と楽しさがはっきりと増え、より快適な作業場に移ったことと何か関係があるのは間違いないと彼女たちは考えている」

ホーソン実験が実際に成し遂げたのは、経営者が従業員を生産機械の単なる付属品として扱うのではなく、人間として尊重すれば生産性が向上すると示したことです。このような考え方は、1930年代にはまったく馴染みのないものでした。しかしホーソン実験によって、人的および文化的価値に注意を払わない組織は、それらを大事にする組織よりも劣った成果しか出せないことが明らかになりました。

民主主義をどのように
マネジメントするか？

リーダーシップの類型と善き統治に関する調査

1939年の研究

- 研究者……………………
  クルト・レヴィン、ロナルド・リピット、ラルフ・K・ホワイト
- 研究領域…………………
  社会心理学
- 結論………………………
  効率的な民主主義には、個人の自由を際限なく認めることよりも、積極的な集団マネジメントが必要とされる。

　先進的な心理学者クルト・レヴィンは1933年、ナチスが支配するドイツを逃れてアメリカ合衆国に亡命しました。レヴィンは次のように記しています。

> 「……ファシズムが支配するヨーロッパからアメリカ合衆国に到着したとき、いちるの望み、好奇心、疑念が混ざりあった奇妙な感情を心に抱いていた。人々はそのために戦い、そのために死んでいる。それは私たちの宝だ。それとも、それは愚かな人々を馬鹿にするための言葉なのだろうか？　すなわち民主主義とは、どのようなものなのだろうか？」

　現実の民主主義をいかに習い、いかにつくりあげればよいのかを考えたレヴィンは「研究室」を整えましたが、研究室というよりは子どもの秘密基地のようでした。屋根裏部屋に、椅子代わりの箱をはじめとするさまざまなガラクタ——主に建設用機材——を運び入れました。実験スペースの周囲は黄麻布で取り囲みました。雑然としていましたが愉快なスペースです。きれいな教室とは正反対の場所でした。

　レヴィンは10歳と11歳の子どもたちを被験児として集め、4つのクラブに振り分けました。それぞれのクラブは週1回ミーティングを開きます。研究者の1人が各クラブにリーダーとして配置され、演劇用のお面づくり、家具の製作、クラブルームの装飾、石鹸や木を材料にした彫刻、そして模型飛行機づくりなど、子どもた

ちに与えらえる課題を手伝います。クラブルームは子どもたちの作業場にもなるのです。

レヴィンはクラブのリーダーシップの類型を実験期間中に変化させ、クラブの雰囲気が変わっていくよう誘導しました。子どもたちは数週間の間に、複数の異なる類型のリーダーシップを体験するのです。十数名の研究者が屋根裏部屋の暗がりに座り、子どもたちが互いにどのように反応するか、リーダーにどのような態度を見せるかを記録しました。さらにレヴィンは、実験の様子を密かに撮影しました。大変興味深いことにこの実験は、社会心理学実験の中で、実験者（研究者）がリーダーとして中心的存在になる最初期の試みの１つでした。これ以前には、実験者は観察に専念するか若干の補助をするだけだったのです。

リーダーシップの３類型

第１のリーダーは厳格な専制型でした。子どもたちには明確で詳細な指示を出し、順を追って作業を進めましたが、このクラブの子どもたちは作業の最終目的をほとんど知りませんでした。リーダーはどの子がどの作業をすべきかを教え、作業場所――たいていは床の中央部分でした――も指示しました。

子どもたちを誉めたり注意するときは、対象となる個人に向けて直接的な言い方をします。スーツにネクタイという姿で常に同じ場所に立ち、子どもたちの輪の中に入ろうとはしませんでした。

第２のリーダーは「民主的雰囲気」をつくりあげようとし、作業の前に全体ミーティングを開いて話し合いました。何をすべきかはこのミーティングで決め、役割分担は子どもたち自身が決めます。子どもたちからアドバイスを求められた場合には２、３の選択肢を提示して子どもたちに選ばせました。子どもたちを誉めたり注意するときには、客観的な視点を貫きました。作業には子どもたちと同じ立場で参加します。実作業にほとんど手を出しませんが、ジャケットを脱ぎ、腕まくりをして子どもたちと作業場内を動き回りました。

第3のリーダーは静かに座り、子どもたちに作業を任せました。干渉はほとんどしません。この「無干渉（放任）」の態度は、もともと失敗の産物でした。リーダーになったラルフ・ホワイトは、子どもたちを民主的環境に誘導するのを忘れ、クラブが無政府状態に陥ったのです。後にホワイトは「クラスは崩壊し始めた。クラブに2、3人いた厄介者の子どもたちは、わめき散らす絶好の機会をつかんだのだ。まったく生産的ではなかった」と、当時の状況を振り返っています。

実験結果

　第1のリーダーのもとではトラブルが絶えませんでした。専制型のリーダーシップはクラブ内の緊張を高め、子ども同士の口論と喧嘩が発生します。明らかに子どもたちは不満を抱え、互いの誤りを非難し合いました。あるセッションが終わると、子どもたちは自分でつくっていたお面を粉々に砕きました。リピットは「子どもたちはリーダーと闘えなかったが、お面になら矛先を向けられたのである」と分析しています。

　民主型のリーダーシップのクラブでは子どもたちの満足感は高く、攻撃性は少なく、作業では目的達成の意欲が強く見られました。さらに生産性も高く創造的で、クラブルーム全体を使って作業をしました。

　放任型のリーダーシップのクラブでは、子どもたちが作業に集中することは減多になく、部屋の中をうろつき回っているだけでした。研究者たちは、このリーダーシップの類型に興味を感じ、放任型リーダーシップでの実験を継続します。そのためリーダーは受け身で対処し子どもたちに巻き込まれないよう、大変な努力をする羽目になります。

　リーダーが変わりクラブの雰囲気が変わった場合でも、子どもたちは新しい環境（リーダーシップ）にすぐに順応し、クラブの中でどう振るまい、リーダーにどのような態度で臨めばいいかを習得しました。

　レヴィンは、個人の自由がまったく制約を受けない環境では、民主主義は育たないとの結論を出します。民主主義には、強い意志での積極的な集団マネジメントが必要だというのです。

結　論

　レヴィンの実験は、民主主義的な振るまいが小さな集団の中でも育まれる可能性を示しています。この実験は、集団に焦点を当てた心理学と集団療法の先駆けとなるものでした。より重要なのは、リーダーシップはカリスマや武勇があれば身につくというものではなく、学習によって習得するべき技術であることを示した点です。

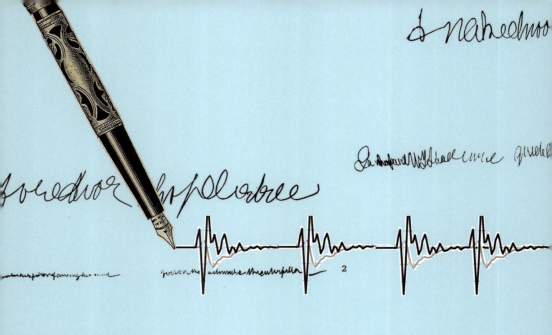

第3章 変化する焦点
1941年〜1961年

　第二次世界大戦後、心理学者たちは人間と動物の行動だけでなく、心を研究することで現実にどのような影響を及ぼせるかにも焦点を当てるようになりました。心理学を教育に活用するにはどうすればよいのかという疑問の声があがり、研究者たちは子どもたちがどのように考えているかを調査する方法を編み出します。科学者たちは、動物は課題を解けるのかを実験し、その課題を人間社会に当てはめるとどのような意味があるのかを考察しました。純粋な「思考」だけでなく情動や社会的行動も、関連する研究領

域になります。このような状況下で新たな疑問が浮上してきます。母親が赤ん坊に向ける愛情の基盤となる情動がどのように生み出されるか、その過程を追えないだろうか？　まったく異質であるか矛盾する2つの現実を受け入れられるのだろうか？　基準に沿うことはなぜ重要なのか？　そして攻撃性は生まれながらの特徴なのか？　といった疑問です。

1948年の研究

- 研究者
  エドワード・C・トールマン
- 研究領域
  動物行動
- 結論
  ラットには潜在学習が認められ、細かいことがらを記憶し認知行動を示した。

ラットは心の中に地図を描けるか？

潜在学習と偶発学習

　有名な動物行動の研究者のバラス・F・スキナー（37ページ参照）は、動物が何を考え、何を求めているかを考えるのは無駄だと主張していました。私たちは、強化（刺激に反応すれば報酬や罰を与えること）に対して動物がどのように反応するかを観察できるに過ぎないというのです。カリフォルニア大学バークレー校の教授エドワード・C・トールマンは、そのように断言はできないと考え、動物はどの程度考えることができ、そして何を記憶しているのかを探りたいと考えました。

　スキナーと同じように、トールマンと研究室の学生たちは、ラットが走り抜けられる迷路をつくりました。この迷路はラットの思考——認知行動——を観察できるよう工夫されていました。最初期につくられた一連の迷路は、狭い通路がT字形に接続された平面的なものでした（50ページの上側の図参照）。

　ラットは3つのグループに分けられました。そして1日1回、腹を空かせたラットが1匹ずつ迷路の左下のスタート地点に置かれます。ラットは右上に抜ける道を探さなければなりません。ゴールまでに6個所のT字路を通過し、そのたびにラットは正しいコースを選ぶ必要があります。つまり間違える可能性のある場所が6個所あるというわけです。

　第1グループのラットは餌のペレットを迷路の終わりで見つけました。その結果、このグループのラットは迷路の抜け方を学習し、日ごとに通過時間を短縮したのです。7日目には、1度も曲がり方を間違えずに通過します。右ページのグラフを参照してください。このグラフは、各グループのラットが平均何回、曲がり方を間違えたかを示しています。

学習よりも報酬が遅れた場合

　第2グループのラットは迷路には入れられたものの、6日間はゴールに着いても餌をもらえませんでした。つまり、急いで迷路を抜けるという誘因が

なかったのです。そのためラットたちは毎日迷路内をうろつき、T字路ではゴールとは逆の方向にも曲がっていました。しかしラットたちは7日目にゴールで餌を見つけます。餌は以後もゴールに置かれ続けました。8日目にラットたちは平均1回しか曲がり方を間違えず、9日目になると一切間違わずにゴールに直行しています。また第3グループでは3日目に餌が置かれましたが、グラフでわかるとおり、以後はより速く迷路を抜けるようになっています。

　ここでのポイントは、第1グループのラットが餌に直行できるようになるのに7日間かかった点です。第2と第3グループでは、餌があると知ってからわずか2、3日しかかかっていません。この2つのグループのラットたちは、餌が置かれる以前に迷路内をうろついており、たとえゴールに急ぐ理由がなかったとしても、迷路のメンタルマップ（認知地図とも呼ぶ、心の中の地図のこと）をつくり上げていたに違いないのです。このような学習を潜在学習と呼びます。「潜在」という言葉がつくのは、ラットたちが学習しメンタルマップをつくっていることが、餌が置かれるまで判明しなかったためです。潜在学習は「偶発学習」とも言います。

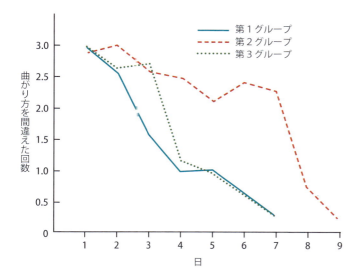

二次元のマップ

　トールマンは、この迷路の課題を解くには、一次元の「線状マップ（経路を線のみで表現した地図）」さえあればよい点に注目しました。基本的にラ

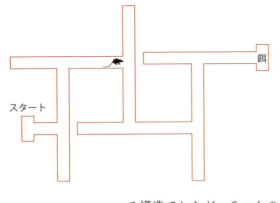

T字路の迷路

ットはT字路ごとに「右折」か「左折」かを記憶しておけばよいわけです。トールマンは、ラットが二次元のマップを心の中に描けるかを追究し、複雑さを増した迷路をつくります。

　トールマンはスタートとゴールの位置関係はそのままに、コースをはるかに複雑にした迷路に変更しました。交換された新しい迷路は、ラットに方向を選ばせる構造でしたが、ラットの多くは以前餌があった正しい方向を選びました。言いかえれば、ラットたちは単に「左、右、右、左……」というようなコースの覚え方をしていたのではなく、スタートとゴール、迷路の途中の部屋とゴールの位置関係を把握していたのです。

　トールマンは他の研究者が実施した、より洗練された実験を悔しそうに報告しています。その実験を行ったのはトールマンではなくスペンスとリピットなのです。2人の研究者は左下の図のような単純なY字型迷路をつくり、左上（Fの地点）に餌を、右上（Wの地点）に水を置きました。ラットは下（Sの地点）に放されます。ただしラットには直前に餌と水を与えておくため、ラットが迷路内で飲食をすることはありません。このような準備を行った後で、

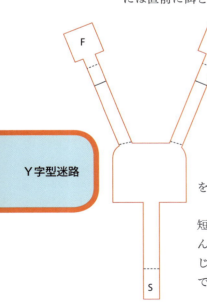

Y字型迷路

いよいよ本番の実験になります。ラットたちを2つのグループに分け、一方は空腹（ただし喉は渇いていません）に、もう一方は喉が渇いた状態（ただし満腹です）にしておきます。空腹のラットを迷路に放すと餌に真っすぐに向かい、喉が渇いたラットを放すと水に真っすぐ向かいました。これは、空腹でもなく喉も渇いていないときに、ラットたちが迷路のメンタルマップをつくり上げていたに違いないことを意味します。

　自分の行動を振り返ってみれば、自室から玄関まで最短経路で向かったり、スーパーから駅まで行く近道を選んだりしているはずです。ラットや他の動物たちも、同じようにメンタルマップを利用していると考えられるのです。

子どもたちは
何を考えているの？

ピアジェの認知発達理論

1952年の研究

- 研究者……………………
  ジャン・ピアジェ
- 研究領域…………………
  発達心理学
- 結論………………………
  子どもたちは大人とは異なる考え方をする。学習が次第に進むと、測定可能な思考を行うようになる。

　スイスの心理学者ジャン・ピアジェは、学校で少年たちにインタビューしたのをきっかけに、子どもはどのような考え方をしているのかを研究し始めました。当時ほとんどの人が、子どもは大人と似たようなものだが、思考能力において大人より劣っているのだと見なしていました。しかしピアジェは、子どもが生まれたときには非常に単純な精神構造を持っており、学習によってその構造が次第に発達するのだということ、そして子どもは大人とはかなり異なる考え方をしていることを示したのです。

　ピアジェは自分の子どもだけでなく、数多くの子どもたちに話しかけました。そして実験をくり返し、子どもたちが世界をどうとらえているのかを徐々に引き出して、理論に磨きをかけたのです。

保存課題

　ピアジェは、小さい子どもは「保存」という概念を理解していないことを発見しました。ピアジェは幼児に同じ広口の容器を2つ見せました。容器には同量の液体が入っています。ピアジェは一方の容器の液体を、口が狭く背の高い別の容器に移しました。当然のことながら、口が狭い容器に入った液体の深さは、口が広い容器に入れた場合よりも深くなります。しかし2～7歳の子どもたちはほぼ例外なく、口が狭い容器に、より大量の液体が入っていると言うのです。

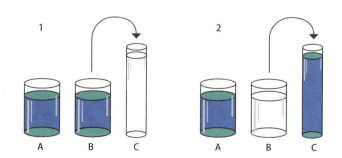

ピアジェの保存課題

ピアジェはさらに、キャンディーをテーブルの上に2列に並べて子どもたちを騙してみました。各列のキャンディーは同じ個数にしてありますが、一方の列ではキャンディー同士の距離を狭くし、もう一方は広くしてあります。ピアジェは子どもたちに、どちらの列のキャンディーの方が数が多いかを尋ねました。

「2歳6ヶ月から3歳2ヶ月の子どもたちはどちらが多いかを正しく判別した。3歳2ヶ月から4歳6ヶ月の子どもたちは、長い列の方が『多い』とし、4歳6ヶ月を過ぎると、子どもたちは再びどちらが多いかを正しく判別した」

ピアジェは子どもの発達を0〜2歳までの「感覚運動期」、2〜7歳までの「前操作期」というように4段階に分けました。前操作期の前半、つまり2〜4歳の時期に、子どもたちは周囲の世界を表すためにシンボル（象徴）を使い始めます。家族の絵を描くようになりますが、縮尺はでたらめで、本人とは似ても似つかない姿に描かれることもあります。しかし子どもたちは意に介していないようです。

前操作期後半の4〜7歳になると、子どもたちは好奇心が旺盛になり際限なく質問するようになります。質問の中には論理的思考の片鱗が垣間見えるものもありますが、答えられないものもあります。著者は、自分の息子に「なぜあれは猫なの？」と聞かれたことを思い出します。どう答えようか考えていると、「もしあれが猫でないとすると何が起きるの？」と追い打ちをかけてきました。

ピアジェは子どもは「シェマ」を発達させているのだと示唆しました。シェマとは知的行動を構成する積木のようなもので、知識を実際の行動に適用する場合の単位と考えることもできます（36ページのスキーマと同意）。小さな赤ん坊でさえ数個のシェマを持っています。例えば「しゃぶる」というシェマを、乳を吸う、おしゃぶり

を使う、指をしゃぶるという場面で利用します。シェマは絶え間なく見直され、子どもが世界を探検するにつれて新しいシェマがつくられます。子どもは成長と発達に合わせ、新たに獲得した情報を取り入れるための新しいシェマを増やすのです。また、新たな情報が既存のシェマに問題なく取り入れられれば情報はシェマに同化しますが、既存のシェマではうまく対応できないときは、既存のシェマを拡張して対応することもします。

視点が自己中心的？

　ピアジェは、まだ小さい子どもは世界を自己中心的に見ていると推測しました。他者の視点からどのように見えるかを想像できないだろうというのです。ピアジェはこの推測を「3つの山問題」と呼ばれる巧みな実験で確認します。

　被験児に、テーブルに載せた山の模型を見せます。模型は高さが異なる3つの山からなり、1つの山の頂には十字架が立てられ、別のもう1つの山には樹木が1本生えています。テーブルを挟んで子どもと反対側の椅子には、テディベアか人形が座っています。子どもに山の絵を何枚か見せ、人形の位置から山の模型を見たときの絵はどれかを選んでもらうのです。子どもはいつも決まって、人形ではなく自分の視点からの景色が描かれた絵を選びました。

　ピアジェは次のように記しています。「人形が見つめているであろう、自分とは異なる視点からの情景を選ぶことは決してなく、子どもは常に自分の視点を絶対視し、人形も同じものを見ていると考えた。視点を取り違えているなどとは、まったく疑っていなかった」

　この「3つの山問題」の実験は、子どもが質問の意味を理解していなかった可能性があると批判されることがあります。また、似てはいるものの、より単純化した実験を行ったところ、異なる結果が出ているのです。例えば1975年にイギリスの発達心理学者マーティン・ヒューズが行った実験では、子どもに2枚の壁が中央で交差している模型（右図参照）を見せます。壁の近くに警官の人形2体と赤ん坊の人形1体が配置されます。ヒューズが子どもに、赤ん坊を警官から見えない位置に動かすよう求めるのです。被験児は3歳半から5歳でした。その結果、警官の人形2体からの視点について理解する必要はあったものの、90%の子どもが正しい位置に赤ん坊の人形を置いたのです。

　ピアジェの業績は、発達心理学と教育に大きな影響を及ぼしました。ピアジェの理論と実験は詳細に分析され批判されてきました。そして認知発達の4段階説には何度も見直しが行われてきたのです。

1953年の研究

- 研究者……………………
  モーリス・F・ヘラー、モー・バーグマン
- 研究領域…………………
  神経心理学
- 結論………………………
  誰もが自覚的耳鳴を聞いており、単にその認識がないだけの可能性がある。

あのうるさい音は何だ？

耳鳴は疾病なのか、頭の中でつくられている症状なのか？

　うなるような音やベルのような音が止むことなく聞こえ続け、苦しんでいる人たちがいます。難聴や睡眠障害になったり、生活が苦難に満ちたものになることさえあります。このような現象を耳鳴と呼び、少々イライラするレベルから、実に不愉快に感じるレベルまで症状はさまざまです。

　1950年代以前は、耳鳴には２つのタイプがあると思われていました。１つは筋肉の動きなど身体を音源とし、実在する音が引き起こす振動性耳鳴です。そしてもう１つが、聴覚神経が過敏なために生じる、空想上の音が引き起こす非振動性耳鳴です。非振動性耳鳴は脳の中でつくり出されます。

　医師たちは、見込みのありそうなあらゆる治療手段をすすめました。種々の外科手術はもちろん、６種類の薬剤の同時投与、薬剤と麻薬の服用を絶たせる、胃腸や造血臓器の調子を整える、液体と塩分の摂取を制限し体内の水分量を調節する、歯の治療、耳の中に薬剤を入れる、心理療法、補聴器の使用など、病状に合わせてあらゆる手段を試しました。

耳鳴は病気なのか

　研究者E・P・ファウラーは耳鳴には常に難聴が伴うと主張していましたが意見を変え、明確な耳の病気がないのに耳鳴を訴える患者が多いと指摘しました。ファウラーは2000人の患者を調べ、その86％に耳鳴を認めています。

　アメリカの医師モーリス・F・ヘラーとモー・バーグマンは、２人とも聴覚学を専門にしていました。２人は、耳鳴が患者の聴覚を妨害するような形で現れることがあるが、逆に聴覚が妨害されているときに耳鳴は現れているのだろうかと考えました。患者が音を聞きづらい状況にあるときほど、耳鳴の症状が現れやすいだろうというのです。

「患者から、頭の中の音がなければもっとよく聞こえるだろうと言われることが多い。頭の中の音が大きくなると難聴が悪化するという患者の声もよく聞く。難聴の原因を常に耳鳴に求めるわけではない。難聴が悪化しても耳鳴は簡単には消え去らず、かえってよけいに気になってしまうようだ」

音の大きさはデシベル（dB）という単位で測られます。工事用のドリルやオートバイのエンジン音など非常に大きな音は100dBに達します。通常の会話は70dB程度、ささやき声は約50dBです。ヘラーとバーグマンは、耳鳴の音の大きさは人間の聴覚の閾値（いきち）をおよそ5〜10dB上回るに過ぎないと見積もりました。この大きさは、人間が聞き取れる音の中で最も小さいレベルです。

ヘラーとバーグマンはまったく健康な人にも耳鳴が見られることから、耳鳴は聴覚障害の初期症状ではないかと疑います。そして健康な人を非常に静寂な環境に置くことで、通常の環境では聞こえない自覚的耳鳴の研究ができることを発見しました。

防音室

ヘラーとバーグマンは、実験に協力してくれる人を30人集めました。18〜60歳までの男女で生活環境などは多様ですが、全員が健康な大人で聴覚は正常でした。難聴や耳鳴の人はいませんでした。被験者は1人ずつ防音室に入ります。防音室内の環境雑音は15〜18dBでした。ただし当時の技術では雑音の大きさを正確に測れなかったため、この値は正確なものではありません。

被験者は防音室内で5分間座り、何が聞こえたかを書き留めるよう求められました。音源が自分の頭の中にある可能性については、被験

者には一切伏せられました。さらに、ひどい聴覚障害を持つ100人（大半は退役軍人でした）を対象に同様の実験を実施しました。

　驚くべき結果が出ました。ひどい聴覚障害の患者の73％が、音が聞こえたと報告したのです。また聴覚障害を持たない被験者の94％も音が聞こえると言いました。聞こえた音の種類は全体で39種類にのぼり、大多数が１種類の音、一部の被験者が２種類の音、そしてごく少数が３〜５種類の音を聞きました。

　これらの結果は、ほとんどすべての人は常に耳鳴にさらされているものの、通常は周囲にあふれる環境騒音に覆い隠されていることを示唆します。一般的な静かな部屋であれば環境騒音は35dBを超えるので、閾値以下の耳鳴を覆い隠すには十分なほど「うるさい音」だと思われます。

治療できない耳鳴

　ヘラーとバーグマンの研究からすぐに導き出せる結論は、耳鳴は「治療」できないということです。別の言い方をすれば、いかなる手段でも取り除けないのです。最も状態を良くしたとしても、音の大きさを最小可聴値ぐらいまで下げるのが限界です。しかしこの結論をもってしても、耳鳴の原因と予防方法を研究している多数の人々の活動を阻止できませんでした。コーヒーと紅茶の摂取が耳鳴の原因だと主張する人も現れました。この説に刺激を受けた英国の実験心理学者リンゼー・クレアは、2010年に67人の被験者を募って30日間の実験を行い、カフェインが耳鳴に影響を与えるかを調べました。カフェインの摂取を中止したところ、逆に有害な症状が現れた事例がありましたが、カフェインの摂取を控えることが耳鳴の軽減に役立つことを示す証拠は見つかりませんでした。

世界の終わりは近いの？
それとももう来たの？

認知的不協和による不快感

1954年8月、マリアン・キーチという女性が世界的大災害を予言しました。その年の12月21日の夜明け前に大洪水が発生するというのです。このキーチ夫人は半ば宗教的なカルト集団のリーダー的存在でした。キーチ夫人は自動書記によってメッセージを受け取ると主張していました。キーチ夫人がペンを手に取ると、あたかもペンが勝手に動いているかのように言葉が書かれ、しかも筆跡は夫人のものとはまるで似ていないのです。このようにして伝えられたメッセージには、他の惑星の環境や地球上での戦争と荒廃への警告が記されていましたが、同時に、キーチ夫人の教えを受け入れる「選ばれた者」は皆、空飛ぶ円盤に引き上げられて救われるという非常に喜ばしい約束も伝えられたのです。

信者たち

キーチ夫人のカルト集団には医師夫妻や専門職に就いていた中年の人々もいましたが、仕事を辞め、配偶者を置き去りにし、財産も捨てて宇宙旅行に備えました。あるメンバーは「ほとんどすべてを捨てました。あらゆるつながりを断ち切り、世界に背を向けたのです。（教えを）疑うなんてできません。信じるしかないのです」と言っています。

キーチ夫人の主張はローカル紙に掲載されました。そしてレオン・フェスティンガーと研究チームが、「惑星クラリオンからの予言、市民に洪水から逃れるよう告げる」という見出しに目を止めたのです。研究チームは、このカルト集団への潜入調査を決意します。社会科学者として、予言が外れたときに集団内でいかなる心理学的現象が起きるかを観察したかったのです。研究チームの観察者は10月にキーチ夫人を訪問し、何とか集団に入り込めました。

1956年の研究

- 研究者 …………………… レオン・フェスティンガー、ヘンリー・リーケン、スタンレー・シャクター
- 研究領域 …………………… 認知的不協和
- 結論 …………………… 人間は矛盾する複数の信念を抱え込むと著しい苦痛を感じる。

調査の過程で観察者が窮地に陥ることもあり、ある晩には、キーチ夫人が観察者のヘンリー・リーケンを招き、その晩のセッションで指導的立場に立つよう求めました。リーケンは断れば疑われるのではないかと恐れたものの、自分が活動に積極的に参加することで、観察という本来の目的が失敗する懸念も持っていました。そこでリーケンは夫人の指示に従ってセッションをリードしましたが、手を上げて「瞑想しましょう」と言うだけで、それ以上の深入りを避けました。

　観察者の記録によれば、予言された運命の日が近づくと集団は報道機関を避けるようになり、インタビューにも不承不承応じるという状態になりました。キーチ夫人の家に入れるのは、本当に予言を信じていると見なされた人々だけに制限されました。

救いへの準備

　集団は12月20日になると、宇宙から飛来する「守護者」の到来に備えます。守護者は真夜中にやって来て、集団のメンバーを待機している空飛ぶ円盤まで案内するというのです。晩になるとメンバーは、コイン、指輪、ボタン、ジッパー、ベルトのバックル、ブラジャーの留め具など身に着けている金属製品を取り除きました。金属を身に着けたまま空飛ぶ円盤に乗ると怪我をするからです。時刻は午前0時10分になりましたが訪問者は1人もおらず、集団は残酷なまでの沈黙に包まれました。午前4時にはキーチ夫人が泣き始めます。

　ところが午前4時45分、新たなメッセージが自動書記によってキーチ夫人に届くのです。メッセージでは、夜通し待機していたキーチ夫人の小さな集団が光を放ち、その光は地上の神に届くほど明るかったことを指摘し、その光の明るさを見た神は、世界を破滅から救うことにしたのだと述べていました。

　あなたがもしこの集団の一員だったとしたら、どうするでしょうか。金属製品をもと通り身に着けて静かに立ち去って家に戻り、家族や上

司が大騒ぎせずに迎えてくれることを願うでしょうか。ある1人のメンバーは、まさにその通りの行動をとりましたが、残りのメンバーはまったく正反対の行動に出ました。

不協和を解消する

　集団は内々で行動するという方針を大幅に変更し、自らのメッセージをできるだけ多くの人々に伝えようと大忙しで活動しました。午前6時半には新聞社に電話をかけて記者会見を設定してもらい、集団の教えを全世界に広めようと画策しました。さらなる導きを求めて宇宙人とコンタクトした結果、いくつものメッセージが届いたため、これらを詳しく記したパンフレットの刊行を開始しました。つまり、メンバーは集団から立ち去るどころか、かえって活動を活発化させ、実際に同調者を増やしたのです。

　フェスティンガーは、このような大きな転換が起きるためには、以下のような条件が必要だと言います。まずメンバーは強い確信を持って教えを信じていなければなりません。取り消せないほどの重要な行動（例：職を辞める）をとっていなければなりません。予言が完全に外れたことを理解していなければなりません。そして、集団の他のメンバーから強い支援を受けていなければなりません。

　フェスティンガーは、集団メンバーは2つの両立しない信念を同時に抱えて精神的なストレスを高め、その結果として方針を変えたのだと説明します。フェスティンガーはこのようにしてストレスを抱えた状態を「認知的不協和」と呼びました。そして私たちは、頻繁に認知的不協和の状態に置かれているのです。友人のボブが新車を買ったと思ってください。ボブはこの車は最高だよ、速いし、性能は一番いいし、燃費も抜群なんだと言うかもしれません。たとえボブの言う通りだとしても、より重要なのは、ボブはこの買い物のために時間とお金をつぎ込んでいる点です。そのため、誰かに自分の選択はベストではないなどと言われたくないのです。

　キーチ夫人の集団の事例についてフェスティンガーは、世界が破局を迎えなかったため、メンバーは深刻な認知的不協和の事態に直面したのだと言います。メンバーにとっては、予言を信じ込んでいたのは誤りだったと認めるよりも、予言を変更し、メンバーの努力を見た宇宙人が実際に世界を救っていたという新解釈を加える方が楽だったのです。

1956年の研究

- 研究者……………………
  ソロモン・E・アッシュ
- 研究領域…………………
  社会心理学
- 結論………………………
  一定の割合の被験者は、たとえ誤りだとわかっていても集団での決定に同調する。

周囲からの圧力に屈しますか？

アッシュの同調行動実験

　他の人たちが、間違っているのはあなただと主張する中で、常に自分の信念を貫けるでしょうか？ あなたはどれくらい自主性を持っているでしょうか。

　バラバラの個人が集まった状況であっても、あたかも集団で意志決定をしたかのような結果になります。「みんなでレストランに行こう」だとか「全員で誕生日の歌を歌おう」といった具合です。しかし時には1人か2人が同意せず、他のことをしようとします。行動心理学者のソロモン・E・アッシュは、何割ぐらいの人々が、集団の他のメンバーから説得されてしまうのかを調べることにしました。

実　験

　心理学研究のためだとして、1人の男子大学生が実験グループへの参加をすすめられます。やって来た学生は、他のメンバーが廊下で自分を待っているのに気づきます。全員で教室に入り、新規参加の学生は、6、7列ある座席の後ろから2列目に座りました。この学生は知らないのですが、彼以外は全員サクラで、いくつかの指示をしっかり守るよう言われていました。新たに参加した学生だけがよそ者で、「本当の被験者」なのです。

　実験者が教室に入ってきて、紙に書かれた線の長さを比べて答えてもらうと告げました。各回の課題では、実験者が3本の黒い線が書かれたカードをスタンドに1枚置きます。3本の線の長さはすべて異なります。そしてもう1枚、黒い線が1本書かれたカードを提示しますが、その長さは先に見せた3本のうちの1本と同じです。線の長さは2.5〜25㎝までさまざまなものが用意されました。参加者たちは、3本の中から長さが等しいと思う線を口頭で答えるのです。

　そしてこの実験で重要なポイントは、参加者が選んだ線を順番に大きな声で答えることと、本当の被験者が答えるのが最後から2番目と

いうことです。この学生は、自分が答える前に他の人の答えを聞くことになります。カードを見て答えるという課題を18回行うと、1回の実験が終わります。なお、まったく異なる課題を18回行うのではなく、実際には9つの課題を2回くり返しています。

サクラの参加者は常に全員が同じ答えを選びます。最初の人がBの線を選べば、他のサクラも全員がBを選びます。まず最初の2回の課題では、全員が正しい答えを選びます。3回目の課題になると、サクラはわざと間違います。このとき「本当の被験者」の多くが狐につままれたような顔をし、自分が正しいと思う答えを言うか、多数派に同調するかの選択を迫られました。みんなの前で答えを言わなければならないため、これは難しい決断でした。みんなと同じ線を選ばないということは、他の人は間違っていると言うのと同じです。

その後も課題がくり返されますが、サクラの参加者が正しい答えを口にするのは18回中6回で、残

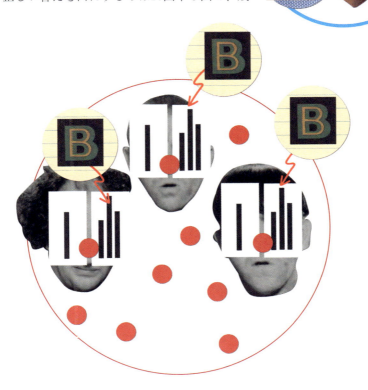

りの12回は誤った線を選びます。奇妙なことに「本当の被験者」は圧力に屈し、誤った線を選んだのです。「本当の被験者」が間違った答えを選んだ回数が多かったのは課題の4番と10番で、この2回の課題は同じカードを使い回ししていました。

アッシュは、同じ長さの線を選ぶという課題が難しくはないことを確かめるため、異なる方法で一連の実験を行います。被験者は1人で線の組み合わせを見せられ、答えを紙に記入するのです。このように他の参加者からの圧力がない状況では、99％以上が正解という結果でした。課題は難しいものではなかったのです。

アッシュはサクラを使った実験を数十回実施しました。すべての実験を集計すると、「本当の被験者」は37％の課題で多数派に同調して誤った回答をしていました。中には自主性を完全に保っていた者もおり、他の参加者をまったく無視していました。対照的に完全に多数派に同調した被験者もおり、毎回、他の参加者と同じ選択をするだけでした。この2通りの態度の中間を選び、課題の20％で多数派に同調し、誤った線を選んだ被験者がいました。この被験者があえて間違った線を選んだ課題は、正答と誤答の線の長さに露骨な差がないものでしたが、それでも間違いは間違いです。

アッシュはすべての実験が終わった後、「本当の被験者」たちにインタビューし、なぜ戸惑ったのかを説明してもらいます。次のような説明がありました。

- しばらくしてから、他の人たちは線の幅を答えていたのだと考えるようになりました。
- 何か光学的なトリックがあるのだと思いました。
- 最初に考えたのは、自分か他の人たちに何か問題があるのではないかということでした。
- 他の人たちが間違っているのは確かだと思ったのですが、自分が正しいという確信が持てませんでした。

集団の圧力

インタビューの終わりで、アッシュは種明かしをしました。犠牲になった「本当の被験者」たちはみんな、とても安堵していました。ある被験者は「多数派は間違っていると確信していても、その多数派の

意志にしたがうのが政府の義務ですね」とさえ言いました。他の被験者も、次のように喜びを述べました。

- 彼らがおかしいのか自分がおかしいのかわかりませんでした。彼らの判断が変に見えるのと同じくらい、自分の判断も変なのかと迷いました。でも同時に、自分が、彼らは正しいのだと思っていることにも気づきました。
- 他の人たちが正しいからしたがったというよりは、他の人たちと同じように行動したかったのだと認めます。他の人たちと違う行動をとるのは度胸がいります。
- 他の人と違う答えを言ったとき、私は部外者なんだと思いました。

アッシュはいくつかの結論を導き出しました。もしサクラが2、3人しかいなければ、本当の被験者はより自主性を保ち、多数派によって動揺させられにくかったでしょう。多数派による圧力が時間の経過とともに強くなることはなく、被験者の大半は、実験の最初から最後まで同じレベルで自主性を保っていました。この実験は線の長さを判断するという簡単なものでしたが、それでさえ多数派の同調圧力がかかったのです。同調圧力がどこまで影響を及ぼすかを知るには、さらなる実験が必要です。しかし被験者の1人が言ったように、一般に「少数派でいることは大変」なのです。

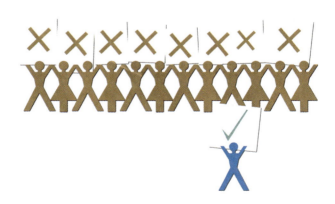

1959年の研究

- 研究者……………………
  ハリー・F・ハーロー、R・R・ツィンマーマン
- 研究領域……………………
  発達心理学
- 結論……………………
  実験結果は、母親愛着が食事を与えることだけから育まれるのではないことを示している。

赤ん坊はどのように愛着心を持つのか？

母親との別離、依存要求、社会的隔離

　なぜ赤ん坊は母親に強い愛着心を持つのでしょうか。本能的に愛着心を持つのでしょうか。それとも母親によって養われる中で何かを学習した結果なのでしょうか。アメリカの心理学者で物議をかもしたハリー・F・ハーローは以下のように記しています。

　「一般に心理学者、社会学者、人類学者は、幼児は生存に関わる不安——特に飢えと渇き——を緩和する中で母親の顔や身体つきなど身体特性を把握し、母親への愛情を育むのだという考えを持っている。また精神分析学者は、赤ん坊が母親の乳房に触れ乳首を吸うことが、母親への愛着心を育む基盤であると強調する場合が多かった」

　言いかえれば、赤ん坊が母親に愛着するメカニズムは、次の2つのいずれかだというわけです。まず母乳（ミルク）を得るために母親を求める中で、食べ物と母親の顔、匂い、表情を結びつけて学習し、その結果母親に愛着を抱くよう条件づけされるという考え方です。2番目の考え方は、進化によって母親との絆を形成する準備が生まれつきなされており、ミルクの有無は関係ないというものです。ハーローは母親と赤ん坊を引き離すとどのような影響があるかを実験し、どちらの説が正しいかを調べようと考えました。人間の赤ん坊を使っての実験は明らかに不可能なため、ハーローは自分が勤務するウィスコンシン大学霊長類研究所で飼われていたアカゲザルに目を向けました。

　ハーローはサルの母親が持つ温かさや柔らかさを介在させずに、子ザルにミルクを与える仕組みを工夫しなければなりませんでした。しかしハーローは、子ザルを母親から引き離すと、しばらくの間、布製のおしめにしがみついている点に着目してアイデアを温めていました。

郵便はがき

料金受取人払郵便

河内郵便局
承　認

373

差出有効期間
2022年10月
20日まで

（期間後は切手をお貼り下さい）

東大阪市川田3丁目1番27号

株式会社 **創元社** 通信販売係

創元社愛読者アンケート

今回お買いあげ
いただいた本

[ご感想]

本書を何でお知りになりましたか(新聞・雑誌名もお書きください)
1. 書店　2. 広告(　　　　　　　　　)　3. 書評(　　　　　　　　　)　4. Web
5. その他

●この注文書にて最寄の書店へお申し込み下さい。

<table>
<tr><th rowspan="5">書籍注文書</th><th colspan="2">書　名</th><th>冊数</th></tr>
<tr><td colspan="2"></td><td></td></tr>
<tr><td colspan="2"></td><td></td></tr>
<tr><td colspan="2"></td><td></td></tr>
<tr><td colspan="2"></td><td></td></tr>
</table>

●書店ご不便の場合は直接御送本も致します。

代金は書籍到着後、郵便局もしくはコンビニエンスストアにてお支払い下さい。（振込用紙同封）購入金額が3,000円未満の場合は、送料一律360円をご負担下さい。3,000円以上の場合は送料は無料です。

※購入金額が1万円以上になりますと代金引換宅急便となります。ご了承下さい。（下記に記入）
希望配達日時
【　　月　　日 午前・午後　14-16 ・ 16-18 ・ 18-20 ・ 19-21】
　　　　　　　　（投函からお手元に届くまで7日程かかります）

※購入金額が1万円未満の方で代金引換もしくは宅急便を希望される方はご連絡下さい。
通信販売係　　　Tel 072-966-4761　Fax 072-960-2392
　　　　　　　　Eメール tsuhan@sogensha.com
　　　　　　　　※ホームページでのご注文も承ります。

〈太枠内は必ずご記入下さい。（電話番号も必ずご記入下さい。）〉

お名前	フリガナ	歳
		男・女

ご住所	フリガナ	メルマガ会員募集中! お申込みはこちら
	E-mail: □□□-□□□□　TEL　　－　　－	

※ご記入いただいた個人情報につきましては、弊社からお客様へのご案内以外の用途には使用致しません。

代理母

　ハーローは生後6〜12時間の子ザル8匹を母親から引き離し、1匹ずつケージに入れました。ケージの中には針金で形を整え、粗雑な頭部をつけた人形の代理母が2体置かれていました。1体はテリー織の布で覆われていますが、もう1体は針金がむき出しです。

　4つのケージでは、針金がむき出しの代理母に哺乳瓶が取りつけられる一方、布で覆った代理母には哺乳瓶はつけられませんでした。残りの4つのケージでは、逆に布の代理母にのみ哺乳瓶が取りつけられました。

　代理母の機能が異なる2つのグループで、子ザルは同量のミルクを飲み、体重の増え方も同じで差はありませんでした。実験で最も重要な発見は、8つのケージすべてで、子ザルが大半の時間を布の代理母にしがみついて過ごしたことでした。

　子ザルは代理母2体とともに6ヶ月間育てられました。針金の代理母に哺乳瓶がつけられているグループでは、子ザルはお腹が空いたときやのどが渇いたとき、わずかな時間だけこちらの代理母のところに行き、大半の時間は布の代理母とともに過ごしました。子ザルは布の代理母と強く安定した情緒的つながりを形成したのです。

　子ザルが、布による柔らかさを感じられる代理母と長い時間を過ごしたことは、愛着心が食べ物だけを媒介にするのではなく、より本能的な何かによって育まれている証拠でした。ですがハーローは迷います。布の代理母は、子ザルが怯えたときに慰めや安心感を与えられるのでしょうか。そこでハーローはケージの中に、太鼓を叩いて大きな音を立てるブリキの熊のおもちゃを入れてみました。

　実験の結果、どの怯えた子ザルも布の代理母にしがみつきました。代理母の哺乳瓶の有無は関係ありませんでした。この行動は、本物の母ザルに育てられている子ザルと同じです。子ザルは毎日何時間も母ザルと一緒に過ごし、怖いことがあれば慰めと安心感を求めて母ザルにくっつくのです。

「オープン・フィールドテスト」

　ハーローは子ザルを1匹ずつ、子ザルにとって未知の物体が置かれた新しい環境に入れてみました。すると、代理母が一緒に入れられた場合は、子ザルはしばらく代理母にしがみついてますが、やがて代理母から離れて周囲を探検し始めます。何か恐ろしいことがあれば、代理母のもとに駆け戻りました。これに対して代理母が新しい環境にいない場合は、子ザルは隅で身体を丸めて動こうとせず、親指をしゃぶっているだけでした。

　人間が赤ん坊のときに必要な愛情をかけられずに育ち、成長後に他の人と感情的なつながりをつくるのが困難になるケースがよくあります。ハーローは実験に用いた子ザルで同様の現象が起きることに気づきます。4匹の子ザルを母親から引き離し、子ザルが絆を築く対象の代理母すら与えずに育ててみたのです。8ヶ月後、この子ザルを、針金の代理母と布の代理母1体ずつを設置したケージに移しましたが、子ザルはどちらの代理母にも愛着を示しませんでした。ハーローは、子ザルは生後数ヶ月の間に、柔らかい何かにしがみつける場合だけ正常に育つのだと結論づけました。しがみつくという行為は、ストレスに対する自然で無意識な反応だと思われました。

　加えて（代理母やミルクとの）物質的な相互作用だけでなく、他のサルとの社会的な交流も子ザルには必要なようでした。別の子ザル4匹は代理母なしで育てられましたが、毎日20分だけ4匹一緒に同じケージで過ごしました。これらの子ザルが成長すると、感情面でも社会面でも比較的正常な行動をとったのです。

　ハーローの研究は人間の赤ん坊の行動の解明に何かしらの光を当てるものでしたが（例えば母親と赤ん坊の身体的接触時間が長いのは有益だと推測できます）、実験方法が必要以上に残酷だとの激しい批判を浴びました。実験に用いられた子ザルはいずれも、他の子ザルと同じようには育ちませんでした。「親から引き離された」サルは、母ザルに育てられたサルと同じケージに入れられると、哀れな姿でケージの隅で丸くなり、自分が不幸な状況にあるというサインを見せるのが常でした。その上、子ザルを取り上げられた母ザルも不安な精神状態に置かれたのです。その多くが神経症になり、子ザルが戻ってきた場合でも、自分の子どもに対して激しい攻撃性を見せました。

短期記憶は
どれほど短期間で失われるか？

感覚記憶の短期間での減衰

1960年の研究

- 研究者……………………
 ジョージ・スパーリング
- 研究領域…………………
 認知と記憶
- 結論………………………
 人間には優れた視覚的短期記憶が備わっている。

　無作為に並べられたアルファベットの列、例えば**NDRKSQ**といった文字列を見た後で、どこまで思い出せるでしょうか。文字がマス目に配置されていたらどうでしょうか。ニュージャージー州の有名なベル研究所で働いていたアメリカの心理学者ジョージ・スパーリングは、人間はわずかな時間だけ目にしたものをどれほど把握できているか、そしてどれくらいの時間覚えていられるかを調査することにしました。私たちは通常、眼球を動かす（この眼球運動をサッカードと呼びます）だけで周囲を見ています。おそらく一瞥している間に見えたものすべてを把握しているに違いありません。スパーリングは簡単かつ効果的な実験方法を考えつき、調査に取りかかりました。

　まず問題となったのは、わずかな時間だけ実験用のイメージを被験者に見せる方法です。スパーリングはタキストスコープ（瞬間提示器）という装置を使い、被験者に1秒未満のわずかな時間だけカードを1枚見せることにしました。現在はコンピューターを利用できますが、1960年の心理学研究室にはそのような設備はありません。2枚のハーフミラーを用いたタキストスコープが最先端の機器として扱われていました。

　被験者は55cm離れた位置に提示される12×22cmのカードを見せられます。それぞれのカードには高さ0.5インチ（約1.3cm）の文字が並べられています。タキストスコープには一般に、50ミリ秒（1/20秒）の間発光するフラッシュライトが取りつけられていました。異なる文字の組み合わせを記したカード500枚が用意され、被験者が文字のパターンを覚えないよう配慮されました。ただし、中には**XXX**というような印象に残る文字列もわずかですが存在しました。

　3～7文字を1行に記しただけのカードと、文字が2または3行に渡るカードがありましたが、どちらも文字間にスペースを入れたり、複数の文字をひとまとまりにして記入しました。母音は一切使いませんでした。

```
            K L B J
R N F B T S Y N X P
```

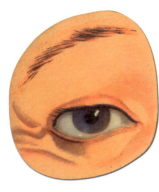

実験1

被験者は文字列が書かれたカードを50ミリ秒見た後、回答用紙のマス目の正しい位置に文字を書き入れなければなりません。また、記憶が不確かなら推測して記入するよう指示されました。1回の実験で被験者は5〜20枚のカードを見せられます。次のカードに移るペースは被験者が自由に設定できましたが、1分間に3〜4枚のペースが一般的でした。

カード1枚当たりの文字数が3文字の場合、被験者全員が100%の安定した正答率でした。文字数を増やすと被験者のスコア(直接記憶範囲)にばらつきが生じましたが、被験者ごとのスコアは3.8〜5.2文字で安定し、平均値はおよそ4.3文字でした。複数の文字がひとまとまりになっているか、スペースで区切られているか、1行に書かれているか複数行に書かれているかといった、文字の配置方法別のスコアには大きな差異は認められませんでした。

実験2

スパーリングはフラッシュライトの発光時間を変え、カードに光が当たって見える時間を15〜500ミリ秒(1/2秒)の間で変化させてみました。驚いたことに、顕著なスコアの変化は見られず、スコアの上下限も同じままでした。

実験3

スパーリングは、後で思い出したよりも多くの文字を見ていたと感想を述べる被験者が多いことに気づきます。これは非常に奇妙なことでした。人間は実際に見たものをそれほど早く忘れ去るのでしょうか。スパーリングは「何を見ましたか」という被験者への質問は、厳密に言えば、被験者が思い出せるものに加え、忘れたものをも報告するよう求めているのだと認識を改めました。

そこで、本当に被験者たちは思い出せる以上のものを見ていたのかを確かめる実験を考案します。被験者が報告できると予想される量を上回る情報(文字)を見せますが、その一部についてしか報告を求めないのです。

この実験では、被験者はそれぞれ3～4文字で構成される2行の文字列を見せられました。ライトが消えるとすぐに、音が0.5秒間鳴ります。低い音ならば下の行の文字を、高い音なら上の行の文字を書き記さなければなりません。後に文字列は3行に増やされ、音も高中低の3種類になりました。

　　高い音　　　　**D W R M**
　　中ぐらいの音　**S K Z T**
　　低い音　　　　**Q M C R**

　驚くべき実験結果が出ました。以前よりも被験者が正しく思い出せる文字数の割合が増えたのです。また、実験をくり返すうちに被験者の記憶は正確性を高めていきました。12文字が書かれたカードの実験では、平均すると76％の文字を正しく思い出せました。別の言い方をすれば、被験者たちは12文字のうち9文字は「見て」いたのです。

　この結果は、文字が瞬間的に見せられて以降の0.5秒以下の時間内ならば、被験者は後で報告できたよりも2～3倍多い情報を利用できたことを示唆します。スパーリングは「持続しているのは（記憶ではなく）視覚的刺激の記憶が急速に減衰し続けているという事態だ」と記しています。

　右のグラフは、文字を見た直後に記憶として利用可能だった文字数を表しています。横軸はカードに書かれていた文字数です。赤い斜線は理論上可能なスコアの最大値、緑の折れ線は直接記憶（実験1）、その上の青い折れ線は実験3で明らかになった利用可能な文字数を示しています。

感覚記憶

　文字が書かれたカードを見た直後に白紙のカードを見せられると、被験者のスコアは著しく低下しました。これは、視覚の仕組みが白紙によって上書きされてしまったためだと思われます。また文字は視覚的イメージとして記憶に残っているのだという説に沿った結果でもあります。

　言いかえるとスパーリングは、絵を見たときのように、視覚によって形状を把握した記憶が、いかに早く忘れ去られるかを発見したのです。スパーリング以前には誰も指摘していなかった性質です。現在ではこのような記憶を「感覚記憶」あるいは「視覚的短期記憶」と呼んでいます。

1961年の研究

- **研究者**　　　　　　　
アルバート・バンデューラ、D・ロス、S・A・ロス
- **研究領域**　　　　　
発達心理学、社会心理学
- **結論**　　　　　　　
攻撃的振るまいを見た子どもは、同様の攻撃的態度をとる可能性がある。

学習の結果、乱暴者になるのか？

ボボ人形の実験

　子どもたちは、テレビやゲームで人間の攻撃的振るまいを大量に見続けています。10〜11歳までに、たいていの子どもは数千回の殺人事件と数十万回の暴力事件を目撃するのです。しかもそれらすべてが、現実よりも美化されて描かれる傾向があります。コミックのキャラクターでさえ叩かれ、殴られ、崖から投げ落とされます。止むことのない暴力シーンは子どもたちを暴力的にしないのでしょうか。

　アルバート・バンデューラたちはこの疑問を解明しようとしました。バンデューラたちは3〜6歳の子どもたちを被験者にして、3つのグループに分けました。第1のグループには大人の役者が演じる攻撃的行動を見せ、第2のグループにはごく普通の行動を見せ、第3のグループは対照群として何もせずにおきます。その後、子どもたちの行動を観察するのです。

　研究者たちは、女の子は女性をお手本に、男の子は男性をお手本にするのではないかと予想しました。また男の子の方が攻撃的で、特に攻撃的行動のお手本を見た後は、その傾向が顕著になるだろうと考えました。

実　験

　子どもたちは1人ずつ部屋に入れられ、お手本役の大人も部屋に入ります。子どもは部屋の一角に置かれたテーブルで席につきます。テーブルの上には芋版やステッカーで遊べるよう道具が用意されていました。お手本役の大人は子どもとは反対側の隅に向かいます。こちらには小さなテーブル、椅子、ありきたりのおもちゃ、木槌、そして高さ1.5mのボボ人形が置かれていました。ボボ人形は等身大に近いサイズの人形で、空気を入れてふくらませます。底面に重りが入っており、叩いて倒しても起き上がり小法師のようにもとの姿勢に戻ります。

　お手本役が登場するのは第1と第2のグループで、その半分にあた

る第2グループでは、お手本役は攻撃的行動をとりません。椅子に座っておもちゃをいじり、ボボ人形は無視します。これに対し第1グループの子どもたちが被験者の場合には、お手本役は1分ほどおもちゃで遊んだだけで、残りの時間すべてを費やしてボボ人形を攻撃しました。殴るのはもちろん、人形に馬乗りになって顔面を殴り続け、抱え上げて頭部を木槌で叩き、放り投げ、蹴飛ばすというように、室内を動き回って激しい攻撃を続けたのです。お手本役はたいてい3回はこのような行動をくり返しましたが、その際、「鼻に1発お見まいだ……ぶちのめせ……放り投げろ……蹴っちまえ……ボカッ」などと叫びました。

　10分後、女性の実験者が部屋に戻ってきて、子どもを別の建物に連れていきます。控え室で2分ほど遊んだ後、実験者は子どもを観察室に入れます。実験者も観察室内にいますが、部屋の隅で席につき、机の上に書類を広げて忙しそうに仕事をし続け、子どもには一切構いません。

　この観察室にはクレヨン、紙、ボール、人形、熊のぬいぐるみ、乗用車、トラックなどから、プラスチック製の家畜のフィギュアまでいろいろなおもちゃが用意されていました。その中には木槌と高さ1mのボボ人形（ふくらませてあります）も含まれていました。どの子どもも観察室で20分間過ごします。その間に、マジックミラーで様子を見ている観察者が、子どもの行動を評価するのです。

　攻撃的ではないお手本を見ていた第2グループの子どもでは、大半の男の子は常に女の子よりも攻撃的で、特に木槌とボボ人形で遊ぶ場合にそのような傾向が認められました。お手本役の性別はさほど影響していないように思われました。またお手本を見ていない第3グループ（対照群）の子どもと比較すると、対照群の子どもの木槌の使い方が性別を問わず明らかに乱暴だった点を除き、攻撃的行動をとった

回数は男の子の場合も女の子の場合もほぼ同じでした。興味深いのは、攻撃的行動をとらないお手本役を見た子どもたちの方が、お手本役がいなかった子どもたちよりも攻撃性が低かった点です。

そして最も劇的な反応を見せたのが、お手本役の攻撃的行動を見た第1グループの子どもたちでした。女性のお手本役が大声を出すのを見た女の子は男の子よりも積極的に叫びました。また男性のお手本役が叫ぶのを見た男の子も、以前と比べれば叫び声を上げる傾向が強まっていました。

ボボ人形

不思議なことに、お手本役の女性がボボ人形を殴っているのを見た男の子は、そうでない場合にくらべて激しくボボ人形を殴りました。そして逆の組み合わせで、お手本役の男性がボボ人形を殴っているのを目撃した女の子は、男の子よりも激しくボボ人形を殴ったのです。

子どもとお手本役の性別がどのような組み合わせであろうと、お手本役の攻撃的行動を見た子ども（第1グループ）は、そうでない子ども（第2、3グループ）に比べて著しく攻撃性を高めていました。この結果は、研究者たちの「暴力的行動は真似されるだろう」という予測の正しさを示すものでした。研究者たちは、身体的な攻撃行動などいわゆる男性的とされる行動については、子どもたちは自身の性別に関係なく、お手本が男性の場合に模倣する傾向が強いという結論を出しました。その一方で攻撃的発言（「ぶちのめせ……放り投げろ……蹴っちまえ……ボカッ」など）については、お手本役が自分と同じ性別の組み合わせほど、子どもたちが模倣する傾向が強くなっていました。

攻撃的なお手本役についての子どもたちのコメントには、性別によって顕著な差異がありました。男の子からは「あの女の人は誰？ 女らしくないね……あの女の人は男のようにしているよ。あんなふうにする女の人は見たことがないよ。殴ったり闘ったりしている」という声が聞かれ、女の子からは「あの男の人は強い戦士ね。ボボを殴り続けてダウンさせたわ……パパみたいに強い人ね」といったコメントがありました。

これらの実験結果はたびたび引用されましたが、未だに議論は終わっていません。映画の暴力シーンを見ると、子どもは暴力的になるのでしょうか。 私たちはまだ答えを手にしてはいません。

うちらの仲間でいたいかい？

集団心理と泥棒洞窟の少年団

1961年の研究

- 研究者……………………
  ムザファー・シェリフ、O・J・ハーヴェイ、B・J・ホワイト、W・R・フッド、C・W・シェリフ
- 研究領域……………………
  社会心理学／葛藤理論
- 結論……………………
  個々人の違いよりも、リソースをめぐる競争から葛藤が生まれる。

　集団間の緊張を高めるものは何でしょうか。どうすればそのような事態を防げるでしょうか。世界中で有限なリソース（資源）をめぐってライバル集団の対立が生じ、問題が起きています。外国人に仕事を奪われると考える人々が移民に文句を言い、都市では麻薬と支配地域をかけて暴力集団が争っています。土地、水、石油をめぐる紛争は、往々にして戦争や時にはジェノサイドにつながります。

　トルコで生まれ育った社会心理学者のムザファー・シェリフは、現実葛藤理論に関心を寄せました。シェリフは実際に2つの集団の間に葛藤を生じさせ、それをどのように解消できるかを研究することにします。

泥棒洞窟

　ハーヴェイは12歳の少年たちのグループを2つ、オクラホマのロバーズケーブ（泥棒洞窟）州立公園のサマーキャンプに招きます。いずれも白人の中流階級の少年11人で構成され、全員が初対面でした。別のグループのメンバーとも会ったことはありません。

　キャンプの第1週には、どちらのグループも水泳やハイキングに出かけたり野球の練習をしてグループ独自の文化を育てました。両グループはこの段階では接触していません。一方のグループは自らを「イーグルス」と呼び、もう一方は「ラットラーズ」と名乗り、グループ名をTシャツと旗にステンシルで記しました。

限られた資源をめぐる競合

　次に研究者たちは数日間に渡り、2つのグループに野球、綱引き、タッチ・フットボール、テント張り競争、宝探し競争で競わせることにしました。そして勝者には賞品としてグループ全体にトロフィー、個人に対してはメダルとブレードが4枚あるツールナイフが与えられるものの、敗者には何も与えられないと少年たちに伝えます。これは、敗者側のフラストレーションを高めるための措置でし

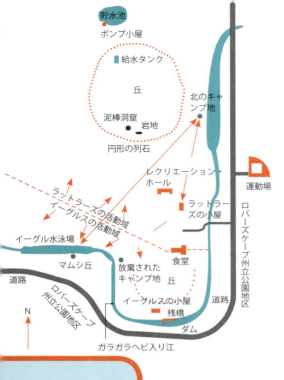

キャンプ地と関係する場所の概略図

た。競争のことを最初に聞いたとき、ラットラーズのメンバーは自分たちが勝ったようなものだと考えました。

最後の種目である宝探しが始まるまで、この競争は互角でした。宝探し競争では、研究者はイーグルスが勝つように不正な操作をしました。イーグルスのメンバーは「勝利に歓喜して飛び跳ねた。互いに抱き合い、自分たちの勝利はみんなが知っていると大声で騒いだ。対照的にラットラーズのメンバーは落胆し黙って地面に座っていた」

その後、ピクニックが実施されたとき、片方のグループはコースの途中で遅れてしまいました。彼らが到着したとき、用意されていた食事はもう1つのグループがすべてたいらげていました。

グループ間の不和が増大しました。互いに相手グループの名前を声に出し、嘲るようになります。イーグルスはラットラーズの旗を燃やしました。ラットラーズはイーグルスの小屋を荒らし、ベッドをひっくり返して窃盗も行います。どちらのグループも興奮し、研究者が強制的に両グループを引き離さなければならないほどでした。

シェリフは次のように記します。

「互いに相手に軽蔑的な態度をとった。このような感情や態度は、以前には存在していなかった……これは倫理、宗教、教育など被験者のバックグラウンドによって生み出されたものではない。不和の高まりは競争心とフラストレーション──被験者たちは、これらの原因は相手チームにあると認識していた──を計画的に引き起こすことでもたらされたのである」

少年たちが落ちつきを取り戻すのに2日間かかりましたが、シェリフが予想した通り、2つのグループを同じ場所に集めるだけでは溝は埋まりませんでした。少年たちは互いのチーム名を叫び、食事どきには食べ物やナプキンを投げつけ合

ったのです。シェリフは葛藤を解消する最良の方法は、1つのチームだけでは解決不能な問題に直面させ、一緒に作業せざるを得ない状況に置くことだと考えます。シェリフはこのような問題を「上位目標」と呼びました。

　研究者たちはキャンプ地の丘の上にある給水設備を停止させ、修理にはおよそ25人の人手が必要だとアナウンスしました。両グループの志願者が一緒に丘に向かいます。給水タンクに到着したときには、全員がのどを渇かせていましたが水はありません。この段階になると少年たちは協力するようになり、水道パイプに詰まっていた麻布（研究者がパイプに詰めておきました）を一緒に取り除きました。

　次の課題はお金に関することでした。少年たちは映画を観てもよいと言われます。ただし町から映画フィルムを取り寄せるのに15ドルかかりますが、研究者たちから補助されるのは5ドルだけです。活発な話し合いが行われた後、投票で意志決定がなされました。両グループは差額を自己負担することで同意し、全員が映画を楽しんだのでした。

　その後、2つのグループがトラックでシダー湖に連れて行かれたとき、トラックが立ち往生してしまいます。復旧に力を貸してほしいと言われた両グループは、協同でトラックを引っ張りました。作業終了後、2つのグループの間で、日替わりで全員のための料理をつくるという取り決めがなされました。

　最終日には全員が同じバスで家路につきました。途中の休憩場所では、一方のグループが手にしていた賞金5ドルを提供し、全員のために飲み物を購入するまでになっていました。

　オクラホマシティが近づくと、バスの前方に座っていた少年たち（両グループのリーダー格でした）が「オクラホマ」を歌い出しました。少年たちはできるだけバスの前に詰め、座っている者も立っている者も一緒に合唱に加わりました。特に仲良くなった相手との再会を約束する少年が多く、連絡先を交換し合った少年も何人かいました。

結　論

　この実験についてシェリフは、ほぼ同規模のグループ構成にしたため、個人レベルでの差異がグループ間対立の原因にはなっていないと考えています。少年たちが賞品をめぐって競争することになると、敵意と攻撃的態度が見られるようになりました。どちらか一方のグループのみが手にできるリソース（資源）をめぐっての競争だったからです。

第4章 精神、頭脳、そして周囲の人々

1962年〜1970年

　1960年代半ばまでに心理学は目覚ましい発展を遂げていました。心理学は「まともな」科学として扱われるようになり、世界中の大学と高校で名の通った心理学コースが開設されたのです。心理学者の数が増えるにしたがい、研究の対象が拡大しました。緊急事態に傍観者はどのように反応するかという研究や、パーソナル・スペースの侵害についての研究などが行われています。社会心理学と集団における人間行動学への関心が深まり、特にスタ

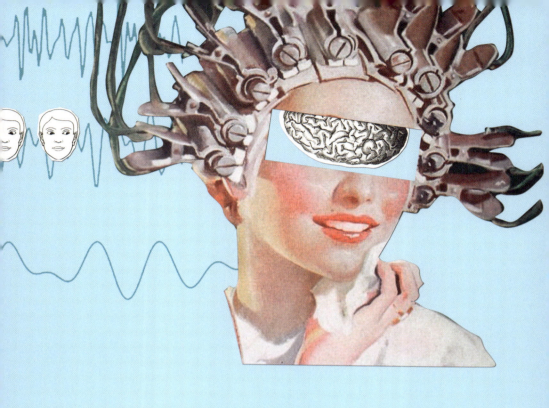

ンレー・ミルグラムによる「権威への服従」を調べる実験以後は、活発な研究が行われました。また、この実験は後の心理学に強い影響を与えました。

　加えて1960年代には、生きている人間の脳の中を初めて垣間見させてくれた脳波検査など、新技術が実用化されました。技術の進歩によって神経科学と心理学が結びつく機会が増え、心理学が奥深い新領域へと研究対象を広げる道筋がつけられたのです。

1963年の研究

- **研究者**……………………
  スタンレー・ミルグラム
- **研究領域**…………………
  社会心理学
- **結論**………………………
  自らの良心に反する指示であっても、権威にしたがう被験者がいる。

どこまでやるの？

ミルグラム実験

　イェール大学の心理学助教授だったスタンレー・ミルグラムは、ボランティアの被験者がどこまで権威に服従するかを調べることにしました。ミルグラムはC・P・スノーが1961年に述べた「反乱の名のもとに行われる犯罪よりもひどい犯罪が、服従の名のもとに行われてきた」という言葉に触発されました。またミルグラムは、第二次世界大戦中とそれ以前に、数百万人の罪なき人々が、命令によって強制収容所のガス室で虐殺されたこともよく知っていました。

「教師」と「生徒」

　ミルグラムは学習についての実験を名目に40人の協力者を募りました。表向きは罰を与えることが記憶にどのような影響をもたらすかを調べる目的でした。被験者は1人ずつ、イェール大学でもう1人のサクラの被験者と一緒に説明を受けます。灰色の実験用上着を着用した無表情で厳格な感じの実験者が実験手順を説明した後、帽子の中から紙片を1枚取り出すようにと言います。紙片には「教師」または「生徒」と書かれているので、どちらを引いたか被験者自身が確認するのですが、この「くじ」はいんちきになっており、すべての紙片に「教師」と書かれているのです。そのため被験者は必ず「教師」の紙片を手にします。

　次に「教師」の面前で、「生徒」が椅子にストラップで固定され、その手首に電極が取りつけられます。もし「教師」が疑念を持った場合には、実験者は「電気ショックは痛みを与えますが、後遺症が残るようなことはありません」と答えます。

　「生徒」を椅子に固定してから「教師」は別室に連れて行かれます。「生徒」とはマイクロフォンとヘッドフォンを使って会話はできますが、姿は見られません。

　記憶実験は以下の手順で行われます。まず「教師」がペアになった単語を読み上げ、「生徒」はこの2つの単語を記憶します。それから「教師」

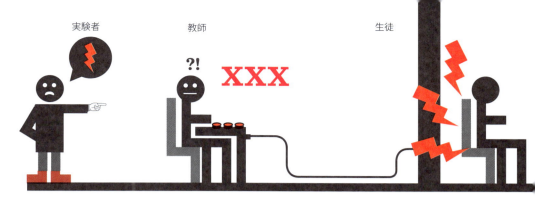

がペアの単語のうち1つと、別の4つの単語を読み上げます。後から読んだ4つの単語の中にペアの片割れが入っていますので、その単語を「生徒」が選べば正解となり、「教師」は次の問題に進みます。もし間違えた場合には、「教師」は手元のスイッチを押して「生徒」に電気ショックを与えるのです。電圧の高さの順に30個のスイッチが並べられており、「生徒」が間違えるごとに、操作するスイッチは高電圧のものへ移っていきます。

どこまでやるの？

最初に与える電気ショックはわずか15ボルト（電気ショック発生機の操作盤には「微弱なショック」と書かれています）ですが、30、45、60ボルトと増加し、ついには「危険：深刻なショックを与える」と注意書きが書かれた420ボルト、そして単に「**XXX**」と書かれた最高電圧の450ボルトまで増えます。それぞれのスイッチが押されるとパイロットランプが赤く輝き、電子ブザーが鳴り響きました。同時に「エネルギー」というプレートがついている青いインジケーターが光り、電圧計の針が右に振れました。

電気ショック発生機の信憑性を高めるため、「教師」には実験開始前に45ボルトの電気ショックを体験させます。

実際には「生徒」は47歳の会計士で、事前にこのお芝居の訓練を受けてミルグラムに協力していました。「電気ショック発生機」は偽物で、「生徒」はまったくショックを受けていないのです。「生徒」は解答を続けますが、たびたび間違うため電圧は300ボルトに達し、以後、「生徒」はまったくしゃべらなくなります。「教師」の耳には、「生徒」との間を仕切っている壁が叩かれる音だけが入ってきます。

ここまで来ると、「教師」は実験者に指示を仰ぐのが普通でした。実験

者は解答があるまで10秒待ち、反応がなければより高い電圧でショックを与えるよう指示します。315ボルトでショックを与えた後、再び「生徒」が壁を叩く音が聞こえましたが、より高い電圧でショックを与えると何も反応がなくなりました。

たいていの場合、「教師」はいずれかの時点で、実験をさらに継続しなければならないのかを尋ねました。これに対し実験者は、ていねいではあるものの断固とした口調で、以下のように一連の指示を「教師」に与えるのです。

1．そのまま続けてください。
2．実験のために、あなたが協力し続ける必要があります。
3．あなたが実験を続けることが何よりも重要です。
4．他に選択肢はありません。あなたは続けなければなりません。

さて、何人の「教師」がこのサディスティックな実験を続けるのを拒否したでしょうか？ 読者の皆さんは、大半の被験者が早々に拒否の意志表示をしたのではないかと思われるでしょう。実験を継続する被験者は、最大でも3％にとどまるだろうと予想した心理学者たちもいました。ですが実際には、300ボルト以下で実験を拒否した「教師」はおらず、少なくとも26人の「教師」が、最大電圧の450ボルトに達するまで実験を続けたのです。

いずれの実験でも「教師」は大量に汗をかき、震え、どもり、うめき声を上げ、指の爪が手のひらに食い込むほど強く手を握りしめるなどの反応を見せました。14人はひきつった表情で笑い出しました。いずれかの段階で実験継続を本当に拒否したのは少数でした。

責任はあるのか？

この驚くような実験は、社会の広範囲に影響を及ぼしています。21世紀になっても、ナチスの強制収容所で看守をしていた人々が追跡され裁判にかけられています。では、元看守は命令にしたがっただけなのでしょうか？ 数多くの国の兵士たちが戦争中のひどい残虐行為——レイプや非武装の一般市民の殺害——で非難を浴びていますが、兵士たちは上官の命令にしたがっただけなのでしょうか？ もしそうだとしたら、非難されている人々は自らの行為に対する責任を免れることになるのでしょうか？

盲目から回復できるか？

1963年の研究

- 研究者……………………
  リチャード・L・グレゴリー、J・G・ウォレス
- 研究領域……………………
  認知と知覚
- 結論……………………
  知覚経験は安易に扱うことができない。

50歳で見ることを学ぶ

　盲目になって50年間過ごした後、再び視力を取り戻すとどのような経験をするのでしょうか。1906年生まれのS・Bという人物は、生後10ヶ月で天然痘の予防接種を受けた後に両目の視力を失いました。イングランドのバーミンガム盲学校では持ち前の頭の良さが発揮され、精神的にも健康な状態が保たれました。プラスチックの模型で大文字の形状を習っています。S・Bは将来に夢を持ち、木工、編み物、ブーツの修理で優れた技能を身につけました。盲学校卒業時には、自宅でブーツ修理の仕事ができるまでになっていたのです。

　後にS・Bを見出したリチャード・L・グレゴリーは「S・Bは盲目で自立していることを誇りにしていた……友人の肩につかまって自転車に乗り、遠くまで出かけることもしていた。庭いじりが好きで、納屋で工作もしていた」と記しています。

視力の回復

　S・Bは1958年12月と1959年1月に視力回復のための手術を受けます。包帯が外されてからS・Bが初めて見たのは、執刀医の顔でした。声が斜め前から聞こえて来るのでS・Bは声がする方に顔を向けます。「何かが突き出た黒い影から声が聞こえました。そこで私は自分の鼻を触って形を確認し、影から突き出ているのは（相手の）鼻だろうと見当をつけ、これが鼻なら、自分は人間の顔を見ているのだと思いました」

　執刀医は次のように記録しています。

> 「手術後、患者は……顔をはじめ日常的なさまざまな品物（椅子、ベッド、テーブルなど）を直ちに認識した。患者の説明によれば……これまで触れる物すべてについて、心の中で明確なイメージをつくってきたという」

　グレゴリーとウォレスは、まず第1回目の手術後7週間に渡ってS・Bを

観察しました。S・Bは「外向的で自信に満ちた中年男性だったが、私たちの注意をすぐに引きつけたのは、彼の快活さだった……彼は壁にかかった大きな時計を見て時間を知ることすらできるようになっており、我々を驚かせた。我々は、彼は手術前には、視覚から得る情報について何も知らなかったはずだと思い込んでいたため、この出来事にひどく驚いたのである。彼は、大きめの狩猟用の時計を見せてくれた。ガラスは取り外されており、彼は時計の針に手で触れ、すばやく正確に時間を読み取ったのだった」

　手術から3日後、S・Bは生まれて初めて月を見ました。あれが月だと教えられたS・Bは、その三日月型に驚きます。「上下弦の月（英語ではクォーター・ムーンと呼びます）」は、ケーキを4等分した（クォーター）形だと思っていたのです。

錯覚にひっかからない

　グレゴリーはS・Bに、ポゲンドルフ錯視（左端の図）やシュレーダーの階段（右端の図）など有名な錯視図を見せました。

　ポゲンドルフ錯視の図を見た人はたいてい、直線はつながっていないと言います。しかしS・Bはあっさりと「一直線ですね」と答えました。

　ネッカーの立方体（中央の図）とシュレーダーの階段ではどうでしょうか。

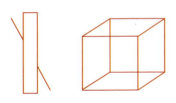

3次元の図に見えますか？ 見方を変えると、表裏が逆になりますか？ 階段を下から見たとしたらどう見えるでしょうか？ 一般にネッカーの立方体とシュレーダーの階段は、「裏返しに」見ることもできます。シュレーダーの階段であれば、上から見ても下から見ても階段に見えるのです。ところがS・Bは奥行きを感じられないため、図を逆さの向きに見れませんでした。そこでS・Bに絵を描いてもらうことにしました。最初は描くのが遅く、不器用な出来でしたが、徐々に絵が上手くなりました。下の図はS・Bが描いたバスで、左から手術後48日目、6ヶ月後、1年後の作品です。

描き方が明らかに上達しており、加えてアルファベットの大文字、次に小文字を習得したことがわかります。しかしボンネットは描かれていません。S・Bはバスのボンネット

に触れたことがなかったのです。

　グレゴリーとウォレスは、S・Bが昔触ったものの情報を、何年も経った後に視覚情報に変換しているプロセスを観察し、興味深い点を発見しました。プラスチックの模型に触れて覚えていた大文字は認識できたのですが、以前触れたことのない小文字は認識できなかったのです。

　ロンドンの科学博物館を訪れたS・Bは、モーズリーが設計したスクリューを削り出すための旋盤に非常に興味を示しました。しかしS・Bはガラスの展示ケースの外からでは「見る」ことができませんでした。そこでケースを取り去ってもらうと、「彼は熱心に旋盤に触れたが、その間、目はきつく閉じていた。それから立ち上がって後ろに少し下がり、目を開けてこう言った。『よし、触ったから、見られるぞ』。その後、旋盤の多数の部品の名称を挙げ、それぞれがどのように動作するかを正確に説明したのである」

　ルネ・デカルトは1637年に発表した著書『屈折光学』の中で、盲人が「完璧な正確性をもって感じとるため、手で見ていると言ってよいほどだ」と記しています。

　S・Bは「フォークを手にして感じとり、目が見えなかったときにどのように感じていたかを思い出してから、『これはフォークだ』と言えるのです。次にフォークを見たときには、目で見たときどのようだったかを思い出さなければなりません」と述べました。手術から１年後のS・Bは精神的に落ち込んでおり、1960年８月２日にこの世を去りました。

　グレゴリーは次のように記します。「視力の回復は、長く視力を失っていた人にとっては本当に有益なことかもしれない。しかし同時に、視力を回復することで心に耐え難い負担を与える可能性があることも明らかになったのである」

1965年の研究

- 研究者·············
  エックハルト・ヘス
- 研究領域············
  実験心理学
- 結論··············
  目を観察すれば脳が何をしているかを推測できる。

目は心の窓なのか？

瞳孔の大きさは関心や情動を暗示する

　エックハルト・ヘスは「ある人の目が柔和だ、きつい、冷たい、温かいなどと言うとき、たいていはその人の目の特定の部分について述べている。すなわち瞳孔の大きさである」と書いています。

　瞳孔は眼球の中央にある小さな黒い孔です。その大きさは神経によって自動的に調整され、通常は明るさによって大きさが変化します。暗い部屋では瞳孔は開いて大きくなり、陽光の下では針穴のように小さくなるのです。ヘスは、被験者が何かを見たり考えているときの瞳孔の大きさを測定するだけで、そのとき脳の中で何が起きているかがわかるのではないかと考えました。そして、瞳孔の大きさを記録する巧みな方法を考え出します。

拡大した瞳孔

　ヘスは、大半の人は興味のあるもの、興奮させるものを見ると瞳孔が広がることを示しました。異性愛者の男女の瞳孔を調べると、肌を露出させた魅力的な異性を見たときに瞳孔が大きくなります。これに対し同性愛者の瞳孔は、魅力的な同性を見たときに拡大します。また赤ん坊や赤ん坊を連れた母親の姿を見ると、女性の瞳孔が大きくなります。

　ヘスは巧みに構成した実験を行いました。同じ女性の写真2枚を20人の男性に見せます。ただし片方の写真では女性の瞳孔は大きくなっており、もう片方では小さくなっているのです。男性たちは瞳孔が大きい方の写真を、より好ましいとして選択しました。実験後、大半の男性は2枚の写真が同一人物だとわかっていたと述べましたが、いく人かは、瞳孔が開いた方の女性は柔和な感じがして可愛く、「もう1人」よりも女性らしいが、「もう1人」はきつくて利己的か、冷たい感じがすると感想を述べました。被験者たちは自分がなぜ一方の女性を好ましいと感じたかを説明できませんでしたが、ヘスは非言語的なコミ

ュニケーションでは、瞳孔の大きさが重要になると結論づけました。

「美しい女性」という意味の名前がつけられたベラドンナという草から抽出した成分は、その昔、女性が自分をより美しく見せるために目薬として利用していました。現在でもその根やエキスが薬品として利用されています。ベラドンナの有効成分であるアトロピンは、瞳孔を広げる働きをするのです。食品医薬局が禁止するまで、アトロピンを含有する洗眼薬がアメリカ合衆国の女性に人気でした。

不思議なのは、人々が大きな瞳孔は人間の見栄えを良くし幸せそうに見せるということを、はっきりとは自覚していない点です。ヘスは、悲しい顔と楽しそうな顔を描いた線画に、瞳孔を描き入れてもらうという実験を行いました。大人も子どもも、楽しそうな顔により大きな瞳孔を描き入れたのです。

数学の問題

ヘスはさらに、数学の問題と格闘しているときの瞳孔の大きさを調べました。被験者が問題に取り組むと、解けたと思うまでは瞳孔は徐々に広がり続けました。被験者が解けたと感じると同時に、瞳孔はもとの大きさまで一気に縮小したのです。

ヘスは $7×8$、$9×17$、$11×21$、$16×23$ というように、被験者に次第に難しくなる掛け算の問題を解いてもらいました。

単純な計算のうちは、被験者の瞳孔は平均4％大きくなりましたが、

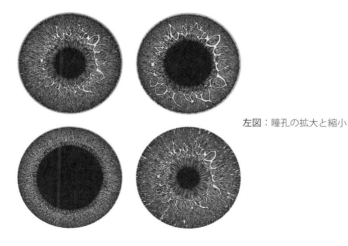

左図：瞳孔の拡大と縮小

最も難しい問題になると最大30％大きくなったのです。いずれの場合も、瞳孔の大きさはすぐにもとに戻りました。別の言い方をすれば、認識努力を測るのに瞳孔の大きさを利用できる可能性が示されたのです。

　後の研究では、問題を解いている間、成績の良い学生よりも平均的な学生の瞳孔の方が大きくなっていたことが判明し、あまり賢くない学生は問題を解くのにより多くの努力が必要であることが示唆されました。

　さらにヘスは、腹を空かせた被験者と食事直後の被験者に食べ物の写真を見せてみました。空腹の被験者は満腹の被験者よりも瞳孔が大きくなりましたが、満腹の被験者の中には瞳孔が小さくなった人もいました。そのような人々は、本当に食べ物を欲しくなかったのです。

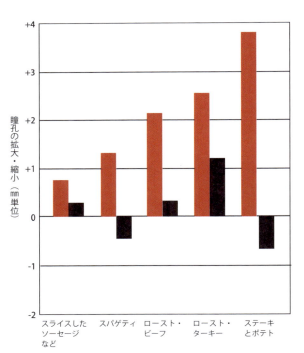

　ダニエル・カーネマンとJ・ビーティは被験者に、538293のような数字の羅列をいくつも復唱してもらいました。この実験では、被験者は一組の数字を聞かされるごとに瞳孔が大きくなりましたが、数字の羅列を一組復唱するごとに瞳孔が小さくなり、ついには最初と同じサイズに戻りました。このような現象は、被験者に電話番号を思い出して言ってもらったときにも発生しました。そして数字の羅列を使ったときよりも、電話番号を使った実験のときの方が瞳孔が大きくなったのです。

　これらの研究により、目が心の窓ではないとしても、脳が何をしているかについて興味深い示唆を与えてくれることがわかったのです。

「大丈夫ですか、先生？」

ホフリングによる病院での実験

1963年のミルグラム実験（78ページ参照）は、服従と権威の力に関してさまざまな問題を提起しました。3年後、アメリカの心理学者チャールズ・K・ホフリングは同様の趣旨の実験を行い、さらに研究を推し進めました。ホフリングの研究チームは、医師が看護師を不快にさせる事例に着目したのです。例えば医師が必要な予防措置を行わずに隔離棟に入り込んだり、医師が看護師に職業上の基準に反する指示を出すようなケースです。研究チームは、看護師にもこのような行動が広まっているのか疑問に思いました。看護師は患者が危険な目にあうのを承知で、医師の指示にしたがうのでしょうか。

研究チームは公立精神病院の12の診療科と、私立精神病院の10の診療科で実験を行いました。さらに対照群として、看護師と看護学生に、同様の状況に置かれた場合どのように行動するかを質問しました。

アストロテン

上記22の診療科のナースステーションに夜間に電話をかけ、「精神科のスミス医師だ（実際は偽物です）」と名乗り、アストロテンのストックがあるかどうかを確認しました。この薬剤は偽の薬で、害のないグルコースでつくられた錠剤でした。人体にはいかなる悪影響も与えません。アストロテン錠剤の包みは、事前にナースステーションの薬品庫に入れておきました。アストロテンがあるのを知った「スミス医師」は、「ジョーンズさん」にア

1966年の研究

- **研究者**……………………
チャールズ・K・ホフリング、エヴェリン・ブロッツマン、サラ・ダルリンプル、ナンシー・グレイヴス、チェスター・M・ピアス
- **研究領域**……………………
社会心理学
- **結論**……………………
権威ある人物に指示されれば、命を救うためにつくられたルールであっても意図的に破ってしまう。

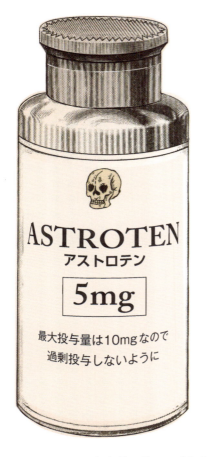

ストロテン20㎎を投与するよう指示し、緊急事態だと言います。そしてこれから駆けつけるので、10分後に病院に到着したときに書類にサインすると言います。

アストロテンのビンに貼られたラベルには、「アストロテン5㎎」「最大投与量は10㎎なので過剰投与しないように」と書かれていました。

看護師にとっては困った事態です。明らかに20㎎は多過ぎますし、投与の指示が電話で行われたのは病院の規則に違反します。アストロテンという薬剤は承認されていないため、病棟の薬品在庫リストには載っておらず使用も許可されていません。おまけに看護師は「スミス医師」を知らないのです。

さらに困ったことに、電話がかかってきたのは深夜で夜勤の看護師は1人だけでした。そのため病院の他のスタッフに連絡をとることもできません。

どうする？

自分が看護師だったらどうしたか、想像してみてください。患者の命が危機にさらされています。どのような行動をとるでしょうか。

対照群では、12人の看護師のうち10人が薬剤を投与しないと答え、看護学生の場合は21人全員が指示を拒否すると答えました。しかし医療現場での実験では、22人の看護師のうち21人は薬剤を指示どおりに投与しようとしたのです。実際には、研究者と医師が患者のベッドの脇で待機しており、投与をやめさせ事情を説明しました。

「スミス医師」との電話は大半が簡潔に済まされ、看護師の多くは投与にさほど反対せず、「スミス医師」と対立するような態度をとった看護師はいませんでした。実験後、22人中16人の看護師が、自分はもっと投与に反対すべきだったと述べています。

実験を振り返る

　アストロテンを投与しようとした看護師のうち11人は、最大投与量を把握していたことを認めています。他の10人は最大投与量を把握していませんでしたが、医師が指示するのなら間違いないと思っていました。そしてこの21人のほとんど全員が、病院の規則を破るべきではなかったと認めました。医師からの指示を電話で受けるべきではなく、「スミス医師」が本当の医師かを確認すべきでした。そして未承認の薬剤は投与すべきではなかったのです。

　しかしほぼ全員の看護師が、医師の指示に疑いを持たずにしたがうのはごく普通のことだと述べました。看護師のうち15人は過去に同様の事態に直面しており、看護師が指示にしたがわないと医師が腹を立てたとも述べています。

　ホフリングの研究チームは、「看護師は医師の指示であれば、患者の生命を危険にさらす形で病院の規則を意図的に破るだろう」と結論を出します。

　数年後、スティーヴン・ランクとヤコブソンが同様の実験を行いました。看護師はしかるべき患者に、致死性を伴わないバリウムを過剰投与するよう指示されます。今回の実験では、看護師は同僚に相談できました。そして18人中16人が投与を拒否したのです。このような結果になった主な理由は、看護師が薬剤の効果を知っていたことと、同僚に相談できたことです。さらに他にも、医師の指示がおかしい場合には確認すべきだという意識の高まり、看護師が次第に自尊心を高めてきたこと、さらに医療ミスに伴う訴訟への恐れなども理由として挙げられます。

　スミスとマッキーは1995年に出した報告の中で、アメリカ合衆国の病院での日々のエラー率は12％に達しており、「問題の大きな要因となっているのは、医師が指示し看護師はしたがうという権威構造に、疑いを持たず服従していることだと考える研究者が多い」と指摘しています。

1966年の研究

- **研究者**……………… ナンシー・J・フェリペ、ロバート・ソマー
- **研究領域**……………… 社会心理学
- **結論**……………… パーソナル・スペースを勝手に侵害する行為は、秩序の乱れを招く。

あなたはスペース・インベーダー？

パーソナル・スペースの研究

パーソナル・スペースとは、勝手に他人に入って来られると不快に感じる空間のことで、自分の周囲に広がっています。アメリカ合衆国の心理学者ナンシー・J・フェリペとロバート・ソマーは1960年代に2年間をかけて、パーソナル・スペースに関する実験を行いました。見ず知らずの人のごく近くに座り、その人がどれだけの時間、立ち去らないでいるかを計測したのです。

気がかりなのは実験場所でしたが、結局、メンドシーノ州立病院（精神病院）に落ちつきました。「セントラルパークのベンチでパーソナル・スペースを侵害する実験を行い、暴力を振るわれるか逮捕されるのではないかと想像していた……（しかし）精神病院ならば、調査名目でほとんどの実験が可能なように思われた」

被験者に近づく

メンドシーノ州立病院の病棟の周囲は公園のようになっており、患者はかなり自由に病棟外に出られました。そのため患者は人通りがない場所を簡単に見つけ、1人だけで過ごせたのです。

フェリペとソマーは病棟の内外で実験を進めました。1人で座っており、読書やトランプなどに没頭していない男性患者を選びました。男性の実験者が被験者の隣に座るのですが、何も声はかけずに15cmまで接近して座るのです。被験者がチェアを動かしたり、ベンチの上で遠ざかった場合には、実験者もまた同じ距離だけ移動し、15cmという被験者との距離を保つことにしました。

実験者は何もせずに座っているか、何が起きるかをノートに記録していました。ときにはある程度離れた位置に座っている患者の様子も同時に記録しました。対照群として比較するためです。フェリペたちは全部で64人の患者のパーソナル・スペースを、それぞれ最大20分間侵害しました。通常、被験者はすぐに実験者から離れるか、肩をす

くめて身を小さくするか、肘を突き出して実験者がそれ以上近寄らないようにしました。36人の被験者は2分以内に移動しましたが、対照群（隣に実験者が座らなかった患者）では誰も動きませんでした。20分後の実験終了時までに64％の被験者が移動しました。また、実験者がノートに何か記入している方が、そうでない場合よりも被験者が若干早く移動を始めました。

ある病室の5人の患者は特に縄張り意識が強く、毎日同じチェアに座っていました。その内2人は、絶対に移動しませんでした。実験者はこの患者たちは「ジブラルタルの岩山」のように微動だにしなかったと述べています。

> パーソナル・スペース

性別による影響

続いてフェリぺらは大学図書館の大きな閲覧室を実験場所に選びました。閲覧室では、学生たちが互いにできるだけ距離を置いて席についています。椅子はベンチのような長椅子ではなく、1人用のチェアです。

今回は実験者を女性にして、女性被験者の隣の席にわざと腰をかけます。この際、実験者は被験者を一切無視して行動しました。次に実験者はできるだけ目立たないようにして椅子を被験者に近づけ、わずか7.5cmの距離まで接近するのです。そして広げた本の上に身を乗り出してノートをとり、被験者と自分の肩の距離が30cmになるよう試みるのです。図書館では座面が広い椅子を距離をとって置いてあり、被験者は幅広の椅子の端に移動することもできたため、計画通りにいかないこともありました。

もし被験者が自分の椅子を動かした場合は、実験者は角度をつけて椅子を後ろに引き、スカートを整えるふりをして再び椅子を前方に動かし、被験者の椅子に接近させました。

　大多数の被験者はすぐに腕を引っ込め、椅子の上で座る位置を変えて実験者から遠ざかったり、身体の向きを変えました。肘をテーブルの上に載せて実験者の接近を拒んだり、本、財布、コートなどを積み上げて、実験者との間にバリケードをつくる被験者もいました。実験者は最大で30分間座っていましたが、実験が終わる30分後までには70％の被験者が立ち去りました。実験者に話しかけてきたのは２人だけで、実験者に他の席に移って欲しいと言ったのはわずかに１人でした。

　設定を変えた実験も行われました。実験者はやはり被験者の隣に座るのですが、椅子の間隔を約38㎝に保つか、肩と肩の間隔を60㎝に保つのです。これは閲覧室での一般的な距離でした。他にも実験者が１つか２つ間を置いた席に座ってみたり、テーブルの反対側に座ってみたりもしました。このような形でパーソナル・スペースを侵害しても、さしたる反応はありませんでした。

結　論

　フェリペとソマーは、パーソナル・スペースの侵害には、不快感を与えることにはじまり喧嘩に至るまで、さまざまなレベルの混乱を引き起こす効果があると結論を出しました。そしてオーストラリアの行動科学者グレン・マクブライドの研究結果を引用しています。マクブライドは鳥の群れを観察し、群れの中で優位にある個体が近寄ると、他の個体は目をそらして脇に寄り、優位な個体のために広いスペースを確保することを確認しました。

　フェリぺらの実験で被験者の反応の強さは、縄張り意識、実験者と被験者の支配―服従関係、そして「侵入者が性的関心の対象となるかどうか」――実験では実験者と被験者は常に同じ性別でしたが――など、多数の要因から影響を受けていました。

　しかし同時にフェリぺらは、パーソナル・スペースの概念は文化によっても大きく異なると指摘しています。たとえば日本人とラテン諸国の人々は、自分の近くに知らない人がいても、アメリカ人ほどには気にしないと言われています。

脳を半分に切断したら
何が起きるか？

大脳半球離断術が意識と機能に与える影響

1967年の研究

- 研究者……………………
  マイケル・S・ガザニガ、
  ロジャー・W・スペリー
- 研究領域…………………
  神経心理学
- 結論………………………
  脳を半分に切断すると、2つの脳半球が別々に意識を持っているかのように振るまう。

1960年代には、重症のてんかん患者の一部に対し、大脳半球離断という思い切った手術が行われました。脳梁（脳の左半球と右半球をつなぐ神経線維）を切断し、両半球の相互作用で起きる発作を食い止めようとしたのです。

手術後、患者の左半身に刺激を与えても反応しなくなりました。左側に何か障害物があっても、患者は何もないはずだと言います。しかし驚いたことに患者は次第に回復し、普通に生活を送れるようになっていきました。患者たちの知能指数、会話、問題解決能力に大きな変化は見られませんでした。

しかしアメリカの心理学者マイケル・S・ガザニガとロジャー・W・スペリーは、大脳半球離断術を受けた患者に実際に起きている変化がどれほど大きいかを示すため、いくつかの実験を行うことにしました。

手術後の患者がスプーンなどを右手で持ったときには、患者はそれが何でどのような形状かを答えられます。左手で持った場合には、どのような形状かを言い表せないものの、スプーンと似たような品物（ナイフやフォークなど）が混ざっている中から、同じ形状のものを選び出すことができました。

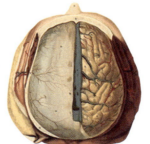

左図：脳梁を切断する手術（青い部分を切除）は、脳を左右の半球に分離する。

実験では患者たちをスクリーンの正面に座らせ、スクリーン中央の点を凝視するよう指示しました。このように同じ点をじっと見て目の向きを変えないことが、実験にとって非常に重要だったのです。被験者が視線を動かさない限り、スクリーンの中央より左側で光るものの情報は脳の右半球に、右側で光るものの情報は左半球に送られることになります。

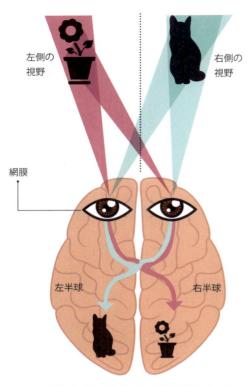

左側の視野から入る（左目だけではなく、両目とも）すべての視覚情報は右半球に送られ、右側の視野から入るすべての視覚情報は左半球に送られる。

　スクリーン中央に視線を固定し、中心線からわずかに左右にずれた位置で交互に点滅する光点を見せると、患者は光点はスクリーンの右側のみに現れると言いました。これは、右半球が何も見ていないことを示唆するものです。しかし奇妙なことに、患者にスクリーン左側の光点を指差すよう求めると、指示どおりに指し示せるのです。左側の光点は見えていたのでしょうか？

　この実験から、両半球とも視覚情報を得ているものの、左半球のみがその情報を言語化できるのではないかと考えられました。

片方の大脳半球のみに送られる情報

　スペリーらは片方の大脳半球のみに絵や文字情報を見せたり、患者の視界の外で患者の片手に品物を握らせてみたりしました。片側のみに刺激を与えるのは、情報は主として、刺激があったのとは反対側の大脳半球に送られる点を考慮したためです。絵や文字を見る、品物に触れるなどの刺激が左半球に送られたときは、患者は正常にそれらを言葉で描写できました。しかし視野の左側の視覚情報や左手で何かを握った情報などが右半球に送られると、それらについて話したり書いたりすることができず、ひどい当てずっぽうを答える場合もありました。

　ところが品物の絵を視野の左側で見せ、次に左手で複数の品物を手探りし（品物を見ずに）、実物を選び出してもらうと成功するのです。スプーンの絵を見せた場合にはスプーンを選び出し、スプーンの実物がないときは似た形状のフォークが選ばれました。それでも、相変わらず何を見て何を選んだかを言葉にして話すことはできませんでした。

　また、スクリーンの中心線をまたぐように「HEART」という言葉

を一瞬映し出し、何が見えたかを患者たちに尋ねました。患者たちは「ART」という言葉を見たと答えましたが、「HE」と書かれたカードと「ART」と書かれたカードを用意しておき、何を見たか左手で示してもらうと、「HE」のカードを選んだのでした。

交叉性手がかり

スペリーたちは、片方の大脳半球からもう片方へ手がかりが与えられるという現象がときどき起こることも確認しています。赤か緑の光を見せ、右半球だけに視覚情報が送られるようにすると、患者は何色を見たか当て推量でしか話せません。右半球は会話をコントロールしていないからです。間違えた場合、患者は顔をしかめて頭を左右に振り、間違えてしまったと言って先ほどとは別の色を答えました。右半球は正しい色を見ていましたが、患者の声は異なる色を告げました。そこで急きょ手がかりを左半球に与えたのでしょう。そのため患者は頭を左右に振り、左半球は誤った推測をしていたことを知ったのだと思われます。右半球が常に副次的な立場にあるわけではありません。患者に立方体を描いてもらうと、左手なら描けますが右手では描けません。この場合、右半球が主導的立場にあるわけです。

結　論

ガザニガとスペリーは、大脳半球離断によって、1つの脳の中で左右それぞれの大脳半球が独立して意識を持つようになると結論を出しました。しかし今日になっても、この結論が正しいかどうか、もし正しいとすればどのような意味があるのかは解明されていません。

1968年の研究

- 研究者……………………
  ジョン・ダーリィ、ビブ・ラタネ
- 研究領域…………………
  社会心理学
- 結論………………………
  単独行動している人々よりも集団内の人々の方が、助けを求めている人に対して責任感を感じない。

傍観者はなぜ傍観しているのか？

緊急事態を知った人々の冷淡さ

1964年3月、キティ・ジェノヴィーズという女性がニューヨーク市の街頭で刺し殺されました。凶行は30分間以上続き、少なくとも38人が犯罪が行われていることを察知していましたが、誰も被害者を助けようとはしませんでした。警察を呼ぶ人さえいなかったのです。なぜ誰も救いの手を差しのべなかったのでしょうか。

おそらく冷淡さと無関心さ、巻き込まれたくないという心理、犯人への恐れが原因でしょう。そして可能性の1つが、他の人も見ているという実に単純な理由です。誰かがすでに警察を呼ぶか、被害者を助けに向かっているだろうと考えたのです。

アメリカの社会心理学者ジョン・ダーリィとビブ・ラタネは、このような恐ろしい犯罪の目撃者たちが見せた反応に強い関心を抱き、人々が救助に向かうのを押しとどめた要因を調査し始めました。

急病人への反応実験

ダーリィとラタネは大学生たちに、学生生活における問題点に関する討論会に参加するよう呼びかけました。被験者は1人ずつ討論会に加わりました。討論に参加する人数はさまざまでしたが、いずれの場合も、他の人に気兼ねすることなく話せるよう個室に入れられました。他の人たちとにマイクロフォンとヘッドフォンを使って会話するのです。ただし、他の人々の声は事前に録音されたものであり、被験者はこのことをまったく知りません。1対1で討論していると思っていた被験者もいれば、最大5名までの集団討論に参加していると思っていた被験者もいました。被験者には、討論が行

われている間、実験者が外の廊下で待機していると伝えられます。
　まず最初に録音されていた音声が流されます。その学生は、自分は都市での生活に適応できなくて困っており、さらに急病で発作が起きやすいのだと告白しました。次に「グループ」の規模によって異なる音声が流され、被験者も発言しました。すると最初の学生の声が再び聞こえ、発作が起きたことを告げます。その声は次第に大きくなり、意味不明なものになっていきます。やがて息が詰まるような音が聞こえ、それから静寂が訪れます。
　ほとんどすべての被験者が、本当に発作が起きたのだと確信しました。そして発作が起きた学生の声を聞いていたのが自分だけだと思っていた被験者の場合、全員が実験者に発作が起きたと報告しました。また85％の被験者は「急病人」がしゃべり終える前に廊下に飛び出していました。
　これに対し、6人のグループで討論していると思っていた被験者の場合、実験者に発作を知らせたのはわずか62％に過ぎませんでした。しかし発作を報告しなかった被験者にも、冷淡さや無関心さ――事前に予想された無反応な傍観者の態度です――を示した者はおらず、明らかに手が震えたり、手のひらが汗で湿っていったのです。

集団の中はそれほど安全ではない

　研究チームは、集団内の人々は個人で行動している人にくらべて緊急事態への反応が鈍いということだけでなく、目撃者の人数が増えるのに反比例して、反応が鈍くなるという傾向も立証しました。その場にいる人々が多いほど、誰かが救助に向かう可能性が減るのです。
　ダーリィとラタネは以下のような結論を導き出しました。まず緊急事態を察知した人が1人しかいなければ、何かをしなければならないという圧力を感じ、間違いなく何らかの救助行動が行われます。ところが目撃者が多くなると「何かをしなければ」という圧力が分散してしまい、それぞれに「誰かがやるだろう」と考えてしまうのです。また、自分が手を出すと、より有能な救助者の妨げになるのではないかと懸念する場合もあります。
　なお、ミルグラム実験（78ページ参照）と同じように、学者が実施している調査であるという状況が被験者に大きな影響を及ぼしていました。被験者は、自分の行動が調査（討論）の妨げになることを気にかけていたと述べています。

1968年の研究

- **研究者**……………………
  ロバート・ローゼンタール、レノーア・ヤコブソン
- **研究領域**…………………
  社会心理学
- **結論**………………………
  高い期待はよりよい結果を招くことがある。

期待されただけで結果が良くなるのか？

ピグマリオン効果と自己達成的予言

　自己達成的予言については数多くの逸話があります。一例をご紹介しましょう。若者グループがボーリング場に行きました。ある晩の参加者にマットという若者がおり、仲間はマットがボーリングが上手だと「知って」いました。マットは見事なスコアを出します。翌日の晩、ボーリングが下手になったと仲間が「知って」いるジャックが参加しましたが調子を崩し、まったくいいところがありませんでした。この迷信のような話に科学的根拠はあるのでしょうか。

　レノーア・ヤコブソンは1963年当時、サンフランシスコの小学校で校長を務めていました。ヤコブソンはハーバード大学の心理学者ロバート・ローゼンタールの論文を読んで関心を持ち、ローゼンタールに連絡をとります。2人は、教師の児童に対する期待は、児童が学校で良い成績を取るのと同様の重大な影響力を持つのではないかと考え、共同で調査することにしました。

教室で

　ローゼンタールらは公立小学校で実験を行います。論文では、この学校を仮にオーク・スクールと呼んでいます。オーク・スクールの各学年の児童は、学習が「速い」「標準」「遅い」という3つのカリキュラムに振り分けられていました。「遅い」グループには、他のグループに比べて男子が多く、メキシコ系が多いという特徴がありました。教師は児童の読解力と試験の成績によって振り分けを行っていました。

　ローゼンタールたちは「ハーバード学習能力予知テスト」という仰々しい名称の試験を約380人の児童に受けてもらい、教師には、このテストは児童が将来学力を伸ばすかどうかを見極めるためのものだと説明しました。

　実際に使われたのはフラナガンの一般能力診断テストで、言語能力と論理的思考の観点から知能指数を測定するためのものです。例えば第1レベルの子どもに出される問題は、背広の上下、花、封筒、リンゴ、水の入っ

たコップの絵を見せ、「食べられるもの」にクレヨンでしるしをつけなさいというものでした。

「有望」な児童を選ぶ

研究チームは教師に真相を教えませんでした。そして「速い」「標準」「遅い」の全てのグループから約5分の1の児童をランダムに選び、「ハーバード学習能力予知テスト」で有望だと判定された児童として、それぞれの担任に名前を教えたのです。そして教師たちに、有望と判定された児童は学年の残りの期間でスパートをかけ、クラスの他の児童よりもよい結果を出せるだろうと説明しました。そして教師たちに、テストの判定については、児童本人にも保護者にも伝えないよう口止めをしました。

結　果

1年後に同じテストを行いましたが、実施方法の不備などから被験児数は減っています。知能指数は全学年で上がり、平均で8ポイント以上増えました。「有望」とされた児童の伸びは著しく、平均12.2ポイント上昇し、他の児童よりも3.8ポイント多かったのです。このような効果は1、2年生に限定されていましたが、この2学年で知能指数が30増えた児童は「有望」とされた児童の21％に達しています。そのような判定がなされなかった児童のうち、知能指数が30増えた児童は5％に過ぎません。

学年	対照群		「有望」な児童		平均の差
	人数	増加（平均）	人数	増加（平均）	
1	48	+12.0	7	+27.4	+15.4
2	47	+7.0	12	+16.5	+9.5
3	40	+5.0	14	+5.0	0
4	49	+2.2	12	+5.6	+3.4
5	26	+17.5	9	+17.4	-0.1
6	45	+10.7	11	+10.0	-0.7
合計	255	+8.4	65	+12.2	+3.8

低学年のみに効果が現れたのは、幼い児童ほど教師の影響力が強いためだと思われます。しかも低学年ほど適応力があり、自身を変えられる可能性が高いはずです。あるいは学校内で、「優等生」「問題児」などの評価が

固定されてしまう前だったせいかもしれません。

　グループが異なっても、顕著な違いは認められませんでした。「遅い」および「標準」のグループの児童も、「速い」グループと同じようにポイントを上げました。論理的思考のテストでは女子の方が男子よりも若干良い成績を出しました。「有望」判定の児童に限って論理的思考の結果を見ると、女子は「有望」とされなかった児童より平均17.9ポイントも高くなっていましたが、実際のところ男子は平均以下のポイントしか取れていません。

結論

　ローゼンタールとヤコブソンが確認したのは、「ピグマリオン効果」と呼ばれるようになった効果でした。教師が特定の児童が大いに成長すると期待をかけると、その児童が実際にその通りになるというもので、「自己達成予言の実例」なのです。

　けれども、なぜそのような効果が生まれるのでしょうか。可能性としては、教師が「有望」な児童に、他の児童に対するのとは異なる態度をとることが考えられます。また、「有望」な児童を気にかけ、児童の目標達成を励ますような振るまいを無意識のうちにしている可能性もあります。

　奇妙なことですが、この研究は芸をする馬から着想を得たと言われています。20世紀初頭、クレバー・ハンス（賢いハンス）と呼ばれた馬が有名になりました。読み書きに加え簡単な計算ができるとして評判になったのです。例えば「3＋4」という問題を出すと、クレバー・ハンスは7回蹄を鳴らすのです。

　心理学者のオスカー・フングストが徹底した調査に乗り出し、馬は周囲の群衆の無意識の行動に反応しているのであろうという結論を出しました。クレバー・ハンスが蹄を鳴らしていくうちに正解の回数に到達します。すると周囲の人間の反応が変化し、ハンスは必要な回数を終えたと判断するのです。

「奇異な状況」で
幼児はどのように振るまうか？

乳幼児にとっての分離不安

1970年の研究

- 研究者 ....
 メアリー・サルター・エインズワース、シルヴィア・M・ベル
- 研究領域 ....
 発達心理学
- 結論 ....
 幼児は安全基地としての母親を必要とし、その安全基地から世界の探検に出かける。

　ハリー・F・ハーローの物議をかもした実験（64ページ参照）によって、サルの赤ん坊の母親愛着が確認されました。子ザルは柔らかい材料でつくられた代理母（人形）がある場合は周囲の探検に出かけますが、代理母がない場合は哀れな状態でケージの隅にうずくまったのでした。

　メアリー・サルター・エインズワースとシルヴィア・M・ベルは、人間の赤ん坊も同じような反応を示すのか確かめたいと考えました。そこで実験室内に「奇異な状況」をつくったのです。2人は実験室の中央に大きな空きスペースを確保し、椅子を3つセットしました。椅子の1つにはおもちゃを積み上げて部屋の奥に置き、残りの2つは出入口のドアの近くに置きました。ドア近くの椅子の1つには母親、もう1つには見知らぬ女性が座ります。この3つの椅子が形作る三角形の中心付近の床に、赤ん坊が降ろされます。そして被験者の赤ん坊全員が、次のようなエピソードを体験しました。

　エピソード1：観察者を伴った母親が赤ん坊を部屋に連れてくる。観察者は立ち去る。

　エピソード2（3分間）：母親は赤ん坊を床に降ろし、静かに自分用の椅子に座る。赤ん坊が母親の注意をひこうとしたときだけ応じる。

　エピソード3：見知らぬ人が入室し、静かに1分間座っている。続いて見知らぬ人は母親と1分間会話をし、その後、赤ん坊に徐々に近づく。見知らぬ人は赤ん坊におもちゃを見せる。3分後、母親は目立たない形で退室する。

　エピソード4（3分間）：赤ん坊が喜んでおもちゃで遊んでいる場合、見知らぬ人は干渉しない。赤ん坊がおとなしくしている場合、見知らぬ人はおもちゃで赤ん坊の気をひこうとする。赤ん坊がぐずついている場合、見知らぬ人は赤ん坊の気をそらしたりあやしたりする。上記のいずれかの対応後に赤ん坊がぐずついているなら実験を打ち切る。

　エピソード5：母親が入室してドア付近で待機し、赤ん坊が自発的に反応す

るまで待つ。その後、見知らぬ人は目立たない形で退室する。赤ん坊が再びおもちゃで遊び始めたら、母親は「バイバイ」と言って一呼吸置いた後に退室する。

エピソード6（3分間）：赤ん坊は1人で取り残される。ただし赤ん坊がひどくぐずついた場合は実験を打ち切る。

エピソード7（3分間）：見知らぬ人が入室し、エピソード4と同じように振る舞う。赤ん坊がひどくぐずついた場合は実験を打ち切る。

エピソード8：母親が部屋に戻り、見知らぬ人は退室する。赤ん坊が母親のもとに戻ったのを見届けて実験を終える。

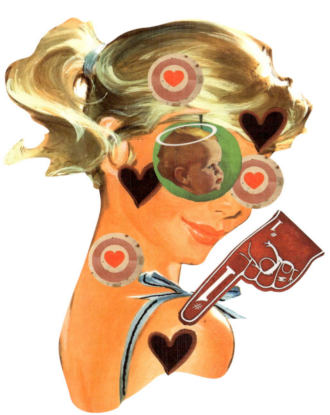

エインズワースらはこの実験を56人の赤ん坊に対して行いました。被験児は皆、「中流の白人家庭で育っている」生後11ヶ月の赤ん坊でした。観察者はマジックミラー越しに記録をとりました。

探索行動

エインズワースたちが特に興味をひかれたのは、赤ん坊がどれほどはいはいをした（運動）か、おもちゃで遊んだ（操作）か、そしておもちゃと周囲を見ていたかでした。

見知らぬ人が入室するエピソード3では、あらゆる形態の探索行動が一挙に消極的になりました。母親が部屋に戻ると、見ることと遊ぶことが再び活発化しました。ただしエピソード4と7で見知らぬ人が赤ん坊の「見る」「遊ぶ」という行動を活発化させるのに失敗した場合に

は、エピソード7の段階で探索行動は最低レベルまで落ち込みました。もちろんエピソード7に至るまでに、赤ん坊が気が済むまで探索行動をやり終え、部屋に飽きてしまっていた可能性はあります。

エピソード2では、赤ん坊はおもちゃを見て長時間過ごし、母親がそこにいるかを確認するため、時折母親の方に目を向けるだけでした。しかしエピソード3では、赤ん坊はより長い時間、見知らぬ人を眺めていたのです。

泣くこと、くっつくこと、接触を嫌がること

エピソード2で泣き出した赤ん坊がごく少数であったことは、奇異な状況それ自体はさほど警戒心を引き起こすものではなかったことを示唆します。エピソード4の段階で母親が立ち去った後に何人かが泣き出したものの、エピソード5では泣き出した赤ん坊の数は減りました。エピソード6で泣き出した赤ん坊の人数は多く、エピソード7で見知らぬ人があやしても効果はありませんでした。これらの結果から、1人で置いておかれるよりも母親がはっきりとした形で立ち去る方が、赤ん坊をより強く悲しませるという推測が導かれます。

エピソード2と3では、赤ん坊は母親にしがみつこうとするそぶりをわずかしか見せませんでした。しかしエピソード5で母親がいなくなり、エピソード8で戻ってきたときには多くの赤ん坊が母親に夢中でしがみつきました。

人との接触、特に見知らぬ人との接触を拒絶する赤ん坊もいました。見知らぬ人に対する恐れが原因とも考えられますが、エインズワースとベルは、母親が立ち去ったことに赤ん坊が腹を立てている可能性の方が高いと判断しました。

結　論

たいていの場合、赤ん坊は母親に愛着しています。母親が室内にいるうちは、赤ん坊は新しい事物に近づき周囲を探索します。この実験でも見られた行動です。母親がいれば、奇異な状況に置かれても赤ん坊は恐れず、母親にしがみつくこともしませんでした。母親が一時退室すると赤ん坊の探索行動は減少し、泣いたり母親を探すという愛着行動のサインを多く見せるようになります。

これらの結果を、エインズワースらは以下のようにまとめています。「（母親と）分離する恐れがない場合、幼児は母親を安全基地のように活用し、探索に出かけられるだろう。たとえ奇異な状況であっても、母親がいる限りは警戒心を示すことはないだろう」

第5章 認知革命

1971年〜1980年

　ドイツの科学者ウルリック・G・ナイサーは1967年の著書『認知心理学』の中で、行動主義の枠組みに疑問を呈し、別の観点からの心理学研究を提唱しました。
　心理学者たちは、何が人々を行動に駆り立てるのかを知るには、人々の心の中で何が起きているかを知る必要があると認識し始めます。間もなく「認知心理学」は思考だけでなく知覚、言語、注意、記憶などを研究対象に含めるようになります。認知はまったく新しい概念ではありませんでしたが、心理学のあらゆる領域に

認知という概念が広まる格好の時期が訪れていたのです。これに伴い、心理学実験の方法にも変化が訪れました。

　ピーター・ウェイソンのカードを使ったトリックは、人間が何が正しいかを考えるときのプロセスを解き明かし、エリザベス・ロフタスは虚偽記憶を調査し、その後数十年続く研究のきっかけをつくりました。ダニエル・カーネマンとエイモス・トベルスキーは、私たちがなぜ間違った決断をするかを解明したのです。

1971年の研究

- ●研究者……………
  フィリップ・ジンバルドー
- ●研究領域……………
  社会心理学
- ●結論……………
  過酷な監獄の状況は、被験者本来の性格よりも残酷で暴力的な行動をとらせる。

善人は悪人になれるのか？

状況が行動に与える影響とスタンフォード監獄実験

　フィリップ・ジンバルドーがジェームズ・モンロー高校に在学していたとき、同級生にニューヨーカーのスタンレー・ミルグラム（78ページ参照）がいました。博士号を取得したジンバルドーは、イェール大学、ニューヨーク大学、コロンビア大学で教鞭をとった後、スタンフォード大学に移りました。このスタンフォード大学で、ジンバルドーの名前を今でも有名にしている実験を行ったのです。

　ジンバルドーは監獄での残虐行為と暴力行為についての苦情に興味を持ちます。囚人は本質的に粗暴で、看守になった人々はもともと権威主義的でなおかつサディスティックだったのでしょうか。あるいはこれらの特性は、監獄という環境に置かれただけで強められ表面化したのでしょうか。ジンバルドーはこのような疑問点を調査することにしました。

模擬監獄をつくる

　ジンバルドーは地元紙に広告を出し、監獄生活に関する心理学実験に参加するボランティアを募ります。応募した70人と面接し、24人の大学生を採用しました。いずれも健康で中流階級に属する青年たちでした。被験者は、実験は1〜2週間続き、1日15ドルの日当が支給されるという説明を受けました。そしてランダムに半数が囚人役、残りの半数が看守役に割り振られました。

　その一方、ジンバルドーたち実験者は、監獄で17年間服役していた男性などからアドバイスを受け、スタンフォード大学心理学部棟の地下室で「監獄」建設工事を進めました。この監獄にはベッド3台を入れるのに十分な広さの監房が3つあります。各監房には鉄の棒でつくられた重い扉が設置され、番号が振られていました。廊下は「運動場」とされ、小さなクローゼットは懲罰房となり囚人を監禁するのに用いられました。

囚人がトイレに行きたい場合は、看守から許可を受け、目隠しをされて廊下をトイレまで歩かなければなりません。部屋は盗聴されており、ビデオ撮影用の穴も設けられていました。

　「囚人」はそれぞれ自宅や寮などで、どのような罪で逮捕されるのかを伝えられ、法的権利を読み上げられ、両腕を広げてパトカーの屋根に手をつかされてボディチェックを受け、手錠をかけられました。この間、驚いた近所の人々が目を丸くして囚人を見つめています。「監獄」に連行されてからは、服をすべて脱ぐよう指示され、シラミ駆除用のスプレー（実際は駆除剤に見立てたパウダー）をかけられました。これらの手続きは、囚人に屈辱感を与えるよう工夫されていました。次に囚人には服が与えられましたが、女性用のストッキングでつくったキャップと常時着用する作業服という組み合わせで、作業服の胸と背中に囚人番号が書かれていました。下着は支給されませんでした。そして右足首に重い鎖がつけられたのです。

上図：看守にはカーキ色の制服と濃い色のミラーグラスが支給された。

屈　辱

　本物の男性囚人がこのような服装をすることはありませんが、それでも現実の刑務所では屈辱感を味わっています。そこでジンバルドーは、同様の屈辱感を簡単に与える方法を考えたのです。一部の刑務所では囚人を丸刈りにしており、ストッキングのキャップはその代用でした。鎖を足首につけたのは、抑圧的な環境にいることを思い知らせると同時に、夜間の睡眠を少しでも妨げるためです。

　看守にはカーキ色の制服、濃い色のミラーグラス、ホイッスル、警棒が支給されましたが、具体的な指示を与えたり訓練を行うことはありませんでした。

実験は囚人9人と看守9人で開始されます。看守は8時間勤務のシフト制で、一度に3人が勤務に就きます。最初の夜の午前2時30分、囚人たちはホイッスルの音で起こされました。幾度となくくり返される「点呼」の第1回目でした。まだ役割に完全に慣れていない囚人や、看守から押しつけられる規則を受け入れない囚人がいましたが、腕立て伏せの懲罰を課されました。後には、背中に他の囚人を乗せての腕立て伏せが強制されるなど、懲罰はより厳しいものになっていきます。

囚人の反抗

初日は平穏に過ぎましたが、2日目の朝に囚人たちが反抗的になります。囚人たちはストッキングのキャップを脱ぎ、ベッドを監房のドアに押しつけてバリケードを構築しました。看守たちは消火器5本を使い、炭酸ガスを放射して反逆行為を鎮圧しました。その後、反抗した囚人から服を取りあげて裸にし、ベッドを監房から撤去し、首謀者を懲罰房に入れました。

看守たちは刑務所内のコントロールを取り戻すため、心理的な戦いを挑みます。他の囚人が見ている前で、反抗に最も消極的だった3人の囚人をベッドのある部屋に移し、上等な食事を与えたのです。これにより他の囚人たちは、看守に好意的に扱われた3人を敵視するようになり、囚人たちのフラストレーションと怒りは看守ではなく同じ囚人に向くようになりました。

一方、看守の側も高圧的になり、囚人のわずかな権利さえ踏みにじ

るようになります。囚人がトイレに行きたいと申告しても却下し、監房に入れたバケツで済ませるよう命じました。この結果、刑務所内の臭いはひどいものになりました。

　実験開始から36時間後、囚人の１人に急性の情緒障害が見られるようになりました。最初、実験者たちは刑務所幹部のように振るまい、囚人の精神状態が本当に悪化しているとは信じませんでしたが、最終的に実験からの離脱を認めました。

　日が経つにつれ、看守は次第に残酷でサディスティックになり、特に夜間の勤務で、囚人以外に目撃者がいないと見なすと、そのような傾向が強く出ました。囚人たちも最初は看守に反抗していましたが、徐々に精神的に追い詰められていきました。ある囚人は全身に発疹が出てしまいます。ジンバルドーによれば、実験期間が終わるまでに「グループとしても個人としても崩壊していた。もはやグループとしての結束はなく、孤立した個人が同じ場所で耐えているだけだった」

　結　果

　状況は、ジンバルドーが６日後に実験を中止しなければならないほど悪化しました。囚人全員が実験中止を喜びましたが、看守たちはそうではありませんでした。２ヶ月後に囚人の１人は「自分のアイデンティティが失われたように感じ始めた……模擬監獄は自分にとっては本当の監獄だった。今もそうだ」と書いています。

　ジンバルドーは次のように記しました。

> 「わずか６日間しか続かなかった模擬監獄を観察しただけでも、刑務所がいかに囚人を非人間化しているかを理解できた。囚人たちは人間から物へと貶められ、希望はないのだということを心にすりこまれる。一方、看守役の変化から、普通の人々がいかに容易に、善人のジキル博士から邪悪なハイド氏に変われるかにも気づかされた。
> 　今や問題は、どのように国家機関を変革し、人間の価値を台無しにするのではなく高める組織にできるかだ」

1971年の研究

- **研究者**……………
  ピーター・ウェイソン、ダイアナ・シャピロ
- **研究領域**……………
  認知、意思決定
- **結論**……………
  人間は問題が抽象的な場合には対応に苦慮するが、具体的な言葉で記述されると扱いやすくなる。

論理的に答えを選べるか？

ウェイソンの選択問題：具体的な言葉を用いた抽象的論法

　次の論理問題を解いてみてください。

　どのカードも片面は着色されており、その裏側には数字が1つ書かれています。青いカードの裏側は必ず偶数になっているはずです。このルールが満たされているか調べるには、どのカードをめくってみればよいでしょうか。

　この問題では70％の人が間違えましたので油断しないでください。さあ、どのカードをめくりますか？

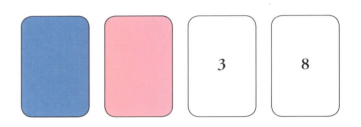

　ピーター・ウェイソンは論理的問題に人々がどのように取り組むかに関心を持ち、同様の実験を1966年に初めて実施しています。ウェイソンは記号を使い、純粋に論理的な方法で解法を説明していますが、それが読者のみなさんの助けになるかどうかはわかりません。

　この例では「カードの片面が青い」をp、「カードに書かれている数字が偶数である」をqとします。上の図の左端のカードではpが真、左から2番目のカードではpが偽となります。そして右端のカードではqが真になりますが、左から3番目のカードではqが偽になります。

　「青いカードの裏側は必ず偶数」かどうかを確かめるには、左端の青いカードをめくり、裏に書かれた数字が偶数であることを確認しなければなりません。そして次に左から3番目の、数字の3が書かれたカードをめくらなければなりません。3は奇数なので、qが偽のときどうなっているかを確かめる必要があるのです。ここで8と書かれた

右端のカードをめくる必要はないことに注意してください。もし8のカードの裏が青色ならばルールが正しいことを確認できますが、他の色（ピンク、黄色など）でも問題はありません。ルールには、青くないカードの裏側についての記述はないからです。

以上から、めくるべきカードは青いカードと3と書かれたカードということになります。

ウェイソンとダイアナ・シャピロは学生たちに、同様の課題を24回出題しましたが、正解が出たのはわずか7回（29％）でした。学生たちは確証事例に意識を集中し過ぎ、反証を無視してしまったのです。別の言い方をすれば、青いカードの裏が偶数であることの確認に意識が向き、奇数のカード（qが偽）の裏が青であってはならないことを確認し忘れたのです。

ウェイソンらは、より現実的なことがらを課題にすれば解答しやすくなるのではないかと考え、「主題化」された課題を試してみました。32人の学生を2つのグループに分けました。一方のグループには、先ほどの4枚のカード問題と同様の、抽象的な課題に挑戦してもらいました。今度は4枚のカードの片面にアルファベット、もう片面に数字が書かれています。具体的には「D」「K」「3」「7」と書かれたカードを並べ、「Dと書かれたすべてのカードは、裏に3が書かれている」というルールが正しいかを確認するという課題にしました。さて、読者のみなさんならどのカードをめくりますか？

課題は解けたでしょうか。答えはこのトピックの最後に書いておきます。

もう一方のグループには、主題化された課題が出されました。実験者の女性が4回、旅行に出かけてきました。彼女がマンチェスターに行ったときは、いつも必ず自動車を使ったそうです。さて4枚のカー

ドは彼女の旅行を表わし、片面に目的地、もう片面には交通手段が書かれています。

では、この４つのカードが彼女の主張通りになっているかを確認するには、どのカードをめくればよいでしょうか。

結　果

抽象的な課題に取り組んだグループで正答したのはわずかに２人（12.5％）でした。主題化された課題のグループの成績はこれよりも高く、正答者は10人（62.5％）でした。ウェイソンたちは、主題化された課題の方が解きやすいのは、抽象的な文字や数字ではなく具体的なことがらを扱うからだとの結論を出しました。主題化された課題で出された言葉はすべて旅行に関するもので、言葉同士に関係性があり

ました。そして「旅行に行く」という状況も、現実の生活で起こり得る状況でした。ここで、飲みに行ったときに必ず出くわす、もっと解きやすい課題をご紹介しましょう。バーにいると想像してみてください。米国では21歳未満の人は飲酒できません。上のカード１枚はバーの客１人を表わしています。

４人の客全員が規則を守っているかを確認するには、どのカードをめくればよいでしょうか。この課題は簡単に解けるでしょう。

法律や規則に適合しているかどうかという課題なら、解きやすいと言えそうです。その理由として、社会生活においてこのような状況に直面する場合が多いことが挙げられます。また、人間の脳が抽象的な課題よりも社会に密接な課題を解けるよう進化してきたためとも考えられます。

さて、最後に課題の答えです。111ページの課題の正解は「Ｄ」と「７」のカード。次の課題の正解は「マンチェスター」と「鉄道」。このページの課題の正解は「ビール」と「17歳」です。

精神科医はあなたが正常か どうかを見極められるのか？

ローゼンハンの実験と「狂気の場で正気であることについて」

1973年の研究

- 研究者……………………
  デイヴィッド・L・ローゼンハン
- 研究領域…………………
  社会心理学
- 結論………………………
  精神病院の専門医の中には正気と狂気を判別できない医師がおり、誤診によって人間性を喪失させかねない重大な危険をはらんでいる。

アメリカの心理学者デイヴィッド・L・ローゼンハンは1973年、精神科の診断の妥当性に関する研究を詳細に記した『狂気の場で正気であることについて』という論文を発表しました。ローゼンハンは8人の完全に正気な協力者を勧誘し、アメリカ合衆国各地の精神病院を受診してもらったのです。この「偽患者」たちは心理学者3人と心理学を学ぶ学生、小児科医、精神科医、画家、主婦各1人からなり、女性が3人、男性が5人という構成でした。いずれも偽名を用い、メンタルヘルスに関わる仕事をしている協力者は、別の職業になりすましました。

声が聞こえる

最初に偽患者たちは、病院に電話をして予約を入れました。病院に伝えた症状は、声が聞こえるということだけでした。声はたびたび聞こえ、不明瞭な場合が多いものの「空だ」「空っぽだ」あるいは「ドサッ」と言っているようだと偽患者は訴えました。それ以外の生活、家族、人間関係については、偽患者は本当のことを伝えました。

入院できるか心配されていましたが、偽患者全員に直ちに入院許可が下りました。入院した偽患者たちは、さらなる異常な症状は見せず、病院スタッフから気分を尋ねられると、調子は良いし声も聞こえないと答えました。偽患者はみな退院したがり、看護師の報告書には「友好的」「協力的」「異常な兆候は見えない」という言葉が並びました。全員が薬を処方されましたが、本当に飲み込むのは巧妙に避けていました。全員分を合計すると2100錠もの各種の薬が投与されたのですが、偽患者たちは口に含んだ薬をトイレで吐き出していたのです。ちなみにトイレでは、本当の患者が捨てた薬が沈殿しているのを、偽患者がたびたび目撃しています。偽患者は正気であることを露呈していましたが、嘘を察知されることはありませんでした。1人は躁うつ病

だと診断され、残りの偽患者は統合失調症だと診断されています。平均19日間の入院生活の後、ようやく偽患者たちに退院許可が下りました。「統合失調症が寛解した」というのが退院許可の理由でした。もし偽患者が本名を使っていたら、この診断が一生ついてまわることになったでしょう。

入院の記録

入院中、偽患者たちはかなりの時間を費やして入院経験をノートに記録していました。当初、記録をとっていることは秘密にしていましたが、間もなく、病院スタッフは患者がノートに何か書いていても気にかけず、内容を調べることもないと判明し、日中から堂々と病室でノートに記入するようになります。ある看護師は、偽患者が記録を取っているのを見て、「何かを書くまねごとにふけっている」と看護記録に毎日記入していました。明らかに統合失調症の症状だと見なされていたのです。

いずれの病院でも、スタッフは患者と完全に分離されていました。スタッフ専用の生活空間、食事施設、バスルーム、ミーティングルームが設置されており、偽患者たちはこのスタッフ専用のスペースを「ケージ」と呼びました。スタッフがケージから出てくるのは、勤務時間のわずか11.3％に過ぎないとの記録もあります。

またスタッフがケージから出てきた場合でも、患者との会話を極端に嫌がっていました。もし偽患者がスタッフに近づいて「すみません、X先生。いつ退院できるのでしょうか」と尋ねた場合の最もよくある反応は、「おはようデーヴ。どんな具合かね」と言い、答えを聞かずに歩き去るというものでした。

ローゼンハンは、病院が患者を非人格化する状況を生々しく記しています。「無力感が蔓延して

いるのは明らかだった。精神科病棟に収容されたことで、患者は法的権利の多くを奪われ……プライバシーは最小限しか認められない。病院スタッフはどのようにも理由をつけて病室に入り、患者の私物を検査できる……入浴と排泄が監視されることがよくあり、トイレにドアがついていないこともある」

患者に見抜かれる

偽患者はスタッフには気づかれなかったものの、他の患者には見抜かれていました。入院して最初の３日間のうちに、大病室に入った偽患者の３分の１は、他の患者から疑われていたのです。ノートに記録をとるのを見られていた偽患者は、他の患者から「あんたは狂ってないね。ジャーナリストか教授だろう。病院を検査しているわけだ」といった言葉をかけられています。

ローゼンハンは以下のように記しています。

「他の患者が、偽患者が実は正気であると見抜くことが多かったにもかかわらず、病院スタッフが強い疑念を持つことはなかった。入院期間中に偽患者が正気だと見抜けなかったということは、医師には……患者を健康だと取り違えるよりも、健康な人を病気だと誤診しやすいという傾向があると思われる。病気だと誤診されるよりも、健康だと誤診される方が危険なのは明白である。慎重の上に慎重を期するためには、健康な人であっても疾病を抱えているのではないかと疑うことになる。

　物事の全容を理解する一歩手前になると、足りない『知識』を発明して、実際に知っているよりも多くのことを把握しているかのように振るまいがちである。知らないと認める、ただそのことができないようだ。行動および感情面での問題を診断、矯正してもらいたいというニーズは膨大に存在する。しかし……『統合失調症』『躁うつ病』『狂気』というレッテルを患者に貼り、これらの言葉によって本質を理解したかのように装い続けている。実際には、診断が役に立たず信頼できない場合が多いことは古くから認識されてきたにもかかわらず、その診断を使い続けているのである。今、我々は正気の中から狂気を見分けるのが不可能だと思い知ったのである」

1973年の研究

- 研究者
  マーク・R・レッパー、デイヴィッド・グリーン、リチャード・E・ニスベット
- 研究領域
  社会心理学
- 結論
  報酬は、何らかの活動に対する子どもたちの自然な関心を損なう可能性がある。

賞品は
子どもたちのやる気を削ぐか？

賞品に伴うトラブル

　学校に通う子どもたちは、何らかの賞品（外発的報酬）をもらうことがよくあります。しかしこれによって子どもたちの熱意が冷めてしまう可能性があります。興味がわいたり楽しいからではなく、「ご褒美をもらうために計算問題を解く」ようになるかもしれないのです。

　マーク・R・レッパーと研究者たちはスタンフォード大学のキャンパス内にある幼稚園で、この理論が正しいかを試してみました。まず白組――年中組で絵を描くことに強い関心を示していました――の園児を無作為に3つのグループに分けました。Aグループの園児には最初に、金の星と赤いリボンで飾られ、園児の名前と幼稚園名が記された格好良い「よくできました賞」という賞状が用意されていると知らせておきます。Bグループの園児にも同じ賞品が用意されていますが、絵を描き終えるまでは知らせません。Cグループの園児には賞品は何も用意されませんでした。

第1段階の実験

　園児は1人ずつ実験者がいる部屋に招き入れられ、さまざまな色の蛍光ペンのセットを使って何か絵を描きます。この蛍光ペンは、園児たちは普段は使わせてもらえない筆記具でした。Aグループの園児が入ってきた場合、実験者は賞状の見本を園児に見せ、上手く描けたらこの賞状がもらえると伝えます。他のグループの園児の場合には、単に絵を描いてもらうだけです。

　6分後、実験者は園児に絵を描くの

を止めさせ、AとBのグループには、賞状に園児の名前と幼稚園名を記入して与えます。さらに賞状を「成績優秀者」用の掲示板に張り出し、「君がよくできたということが、みんなにわかるよ」と伝えました。

第2段階の実験

1週間後、研究者たちは実験の第2段階を開始しました。まず幼稚園の先生たちに依頼し、教室内に特別なペンと白紙を備えた、小さな六角形のテーブルを置いてもらいました。教室には積木、イーゼル、家事道具など数々の品物が用意され、粘土が置かれることもありました。園児たちが集団で連れて来られ、この教室内で何をして遊んでもよいと言われます。実験開始から1時間に渡り、六角形のテーブルで何が起きるか、マジックミラー越しに観察が行われました。

最終的に、男子園児19人と女子園児32人の合計51人がこの実験に参加しました。第1段階の実験でのグループ別に集計すると、AグループとBグループから18人、Cグループからは15人でした。

事前の予測

研究者たちは事前に、報酬の約束は、絵を描くことに対する園児の関心を低下させるだろうと予測していました。実験結果は、この予測通りになります。事前に報酬を約束されてから絵を描いたAグループの園児は、以後、色つきのペンで絵を描くことへの関心を大きく減らしました。第2段階の実験でAグループの園児が絵を描いた時間は、B、Cグループの園児のおよそ半分でしかなかったのです。この結果に、明確な男女差はありませんでした。

BとCグループの園児たちは第1段階の実験が始まる前に比べ、色つきペンで絵を描くことに若干強い関心を見せました。

また、第1、2段階のいずれの場合も、B、Cグループの園児が描いた絵は優れたものでした。3人の審査員が、園児がどのグループに属するかを知らされずに5段階評価を行った結果、Aグループの平均値は2.18、Bグループは2.85、Cグループは2.69でした。言いかえれば、外発的報酬が与えられると告げられたAグループの園児の作品は、他のグループの絵よりも著しく劣っていたのです。

インセンティブを与えるには

これらの発見を、研究者たちは以下のようにまとめています。

「(実験結果は) 以下のような現実の状況にとって重要な意味を持つ。すなわち子どもたちが多少なりと関心を持っている活動について、子どもたちの関心を増大あるいは維持させるため外発的報酬を用いる状況である。このような状況は、伝統的な教育方法を行っている教室ではよく見られるものであり、等級づけ、金の星、何らかの特権の授与などの外発的報酬が用いられている。もちろん、個々の園児・児童・生徒に対してだけでなく、クラス全体を表彰する場合もある。

　子どもたちに参加を呼びかける学校行事は多いが、一部の子どもたちは本当に内発的興味を抱いて参加している。今回の実験から考察すると、外発的報酬を与える仕組みの中で行事が運営されることで生じる影響の少なくとも1つは、当初は何らかの関心を持って行事に参加した子どもの内発的興味を削ぐことである」

あなたの記憶は
どれだけ正確か？

虚偽記憶と誤報の影響

1974年の研究

- 研究者······················
 エリザベス・ロフタス
- 研究領域··················
 記憶
- 結論·························
 何かの出来事についての我々の記憶は、出来事以後に受け取った情報に影響される。

あなたは自分の記憶が正確で変化しないと思っていますか？ もしそうなら、おそらく間違った理解をしています。誰かが「この目で見た」と言うと、人々はその言葉を信じてしまう傾向があります。ですが出来事を目撃してから証言するまでの間に、あなたの記憶は大きく変わってしまうかもしれません。ことに利害関係者が誘導的な質問を行った場合には、その可能性が高くなります。

エリザベス・ロフタス教授は、自身が主催した行事の後に、人々に行事について尋ねたところ全員が異なる回答を寄せてきたという経験をしました。このような状況は交通事故の際によく見られます。複数の目撃者から得られた証言が食い違うことは、実によくあることなのです。

法廷での目撃者

目撃者の誤った証言は、法廷で深刻な問題を引き起こします。その一例が1973年のケースで、ある男性が警察官を撃ったと17人の目撃者が証言しましたが、後にこの男性は事件現場の近くにはいなかったことが判明しました。

ロフタスはこのように説明します。「私たちが何かの出来事を経験しても、そのまま素直に記憶するわけではないのです。後で記憶のファイルから引っ張り出して、何を記録したかを読み込むことになります。より正確に言えば、出来事を思い出すときに、さまざまな情報源からの情報を加味して再構成しているのです。そのため最初に目撃したことと、後に導き出した推測が混じってしまいます。一定期間が経過すると後から加えた情報は最初の目撃情報と完全に一体化し、目撃者は、どのようにして出来事の詳細を知ったのか説明できなくなります。この時点で目撃者が持っているのは、一体化した単一の記憶なのです」

ロフタスの説明を言いかえると、脳は実際に経験したことを取り込み、何が起こったかを説明するのに都合の良い、もっともらしいストーリーを

つくり上げるのです。時間が経ってから他の情報や示唆を受け取ると、脳は新しい情報に合うようストーリーを再構成します。ロフタスは質問の仕方で目撃者の記憶が変化することに気づき、このような事態がどれほどたやすく発生するかを実験してみました。まず100人の学生に、自動車の多重事故の短い映画を見せました。

誘導尋問

映画を見終わった学生には、質問用紙に記入してもらいました。重要な質問は6つあり、3つは映画に出てきた品物について、残り3つは映画に出てこなかった品物についてです。

ロフタスはこれら6つの質問の尋ね方を2通り用いました。1つのグループには「壊れたヘッドライトを見ましたか？」という尋ね方にし、もう1つのグループには「その壊れたヘッドライトを見ましたか？」という尋ね方にしたのです。後者の質問の仕方では、映画に実際に出てきたかどうかは関係なく、壊れたヘッドライトがあったことがほのめかされています。「その」という言葉がついた質問を受けたグループでは、実際には映画に出てこなかった品物を見たと回答する傾向が強く、ヘッドライトに限らず映画に出てこなかった品物について尋ねられると15％が「見た」と回答しました。これに対し、「その」がつかない尋ね方をされたグループで同様の回答をしたのはわずか7％でした。つまり「その」をつけただけで8％の学生の記憶が本当に書きかえられたと考えられるのです。また「見ていない」と答えた学生の割合は、「その」をつけなかったグループでは38％でしたが「その」をつけたグループでは対照的に13％でした。

ちょっとした質問の変更で判断が左右されるのかを調べるため、ロ

フタスは他にも実験を行いました。45人の被験者を7つのグループにわけ、それぞれに異なる自動車事故の映像を見せたのです。そして被験者に、「自動車が（激突した／衝突した／ドスンとぶつかった／ぶつかった／接触した）とき、どれくらいの速さで走っていましたか」と尋ねました。事故を表現するのに、（　）内の言葉のうち1つを使い、この言葉が変わることで回答に影響が出るかを見たのです。回答は右上の表のように大きく異なっていました。

使われた言葉と目撃者が見積もった速さ	
激突した	時速40.8km
衝突した	時速39.3km
ドスンとぶつかった	時速38.1km
ぶつかった	時速34.0km
接触した	時速31.8km

記憶の調整

他の学生のグループは同様の映画を見せられ、自動車同士が「ぶつかった」または「激突した」ときにどれくらいの速さだったかを聞かれました。それから1週間後、同じ学生たちは、今度は割れたガラスを見たかどうか尋ねられました。本当は割れたガラスは映っていないのです。その結果、「激突した」という言葉で質問された学生のうちで「見た」と答えた人数は、「ぶつかった」という言葉で質問された学生で「見た」と答えた人数の倍に達しました。つまり映画についての記憶が、質問におけるわずかな言葉づかいの変化で変えられてしまったと思われるのです。

ロフタスは次のように結論づけます。

> 「目撃者は速さだけでなく時間と距離に関しても不正確です。ところが法廷では常に定量的な判断をしなければなりません。事故調査員、警察官、法律家、記者など、目撃者を問いたださなければならない人々は、自分たちが使う言葉に微妙な示唆が含まれるということを心に留めておくのが良いと思います。目撃者が実際に見たことは、目撃者から得られた回答とは異なるかもしれないのです」

虚偽記憶

人が思い出す内容は次第に不正確になります。これは出来事よりも後で触れた示唆や情報が「誤情報効果」を引き起こすためです。ロフタスの研究は「虚偽記憶」についての数十年に及ぶ調査の実施へとつながりました。法廷だけでなく警察署、さらには軍隊においても質問者が虚偽記憶を植えつける――偶然であろうと故意であろうと――危険性は非常に大きいのです。

1974年の研究

- 研究者……………
  エイモス・トベルスキー、
  ダニエル・カーネマン
- 研究領域……………
  認知、意志決定
- 結論……………
  どのような結果になるかわからない場合、認知バイアスによって誤った決定をする可能性がある。

どのように難しい決断を下すのか？

「ヒューリスティックス」と潜在的リスクの評価

　ほとんどの人は、自分の決定がどのような結果をもたらすかが明確でない場合の決断が難しいことを思い知らされ、往々にして誤った判断をしてしまいます。イスラエル生まれの心理学者ダニエル・カーネマンとエイモス・トベルスキーは、人間の行動の矛盾に目を向けました。例えば15ドルの携帯電話を購入しようとする場合、5ドル安いとなれば町を横断してでもお目当てのショップに出向きますが、125ドルのコートを購入する場合には、5ドル程度の値引きであれば、わざわざ町を横断して別の店に車を走らせようとは思いません。

ヒューリスティックス

　2人は、もたらされる結果が明確でない状況で何かを決定するとき、人々は「ヒューリスティックス」に頼りがちであることを発見します。ヒューリスティックスは心の中に存在する近道であり、単純で効率的なルールを用い、問題のある局面にだけ焦点を当てて他の面を無視することが多いものです。

　仮に「スティーヴはとても内気で引っ込み思案だが、いつも役立つ奴だ。おとなしくて几帳面、指示待ちの傾向がある組織人で、細いところにこだわるよ」と言われたとします。そしてスティーヴは農業従事者、セールスマン、エアラインの操縦士、図書館員、医師のいずれかだとも教えられます。スティーヴの職業として最も可能性が高いのはどれでしょうか。

　おそらく図書館員だと答えたくなるでしょう。スティーヴの性格は図書館員のイメージなのかもしれませんが、図書館員よりも農業従事者の人数が多いため、実際には図書館員である可能性よりも農業従事者である可能性の方が高いことになります。この場合、「代表性ヒューリスティック」を使い、スティーヴを図書館員だと判断しようとしたのです。ある実験では、学生たちに専門職100人のうちの1人について情報を与えました。「ディックは既婚で子どもはいない。能力は高くやる気もある。専門とする領域での大いなる成功が約束されている。同僚からのうけも良い」

学生の半数には「100人のうち70人は技術者、30人は法律家」だと告げ、残りの半数の学生には「30人は技術者、70人は法律家」だと伝えました。それからディックの職業は法律家だろうか技術者だろうかと尋ねると、半々の確率で法律家か技術者だと学生全員が答えました。学生たちは、ディックが100人のうち70人を占める職業である確率の方が高いという点を無視したのです。確率は70％対30％またはその逆なのです。

偶然の結果？

　アルファベットのKについて考えてみましょう。ごく一般的な英文の中で使われている単語を調べた場合、1文字目にKが入る単語と3文字目にKが入る単語のどちらが使われている可能性が高いでしょうか。

　この質問を152人の被験者に出したところ、105人（69％）が1文字目に入る単語だと答えました。実は一般的な英文において、Kが3文字目に入る単語の数は1文字目に入る単語の数の2倍になります。この質問でポイントになるのは、Kで始まる単語を思いつくのは簡単ですが、3文字目がKになる単語を思いつくのは困難だということです。L、N、R、Vでも同じ結果になります。ここで見られた考え方を「利用可能性ヒューリスティック」と呼びます。すぐに想起できた利用可能な事例に頼ろうとするのです。

平均への回帰

　大勢の子どもたちが適性テストを受けると仮定しましょう。テストは2回実施し、難易度は同等とします。1回目のテストの上位10人について、2回目のテストの成績を調べると、おそらく1回目よりも下がっているでしょう。反対に1回目のテストの下位10人の2回目の成績を調べれば、点数が良くなっている可能性が高いのです。この現象を「平均への回帰」と呼び、フランシス・ゴールトンが19世紀に初めて指摘しました。

　上位10人は他の子どもたちよりも本当に優秀なのかもしれません。しかし1回目のテストで良い成績を出せたのには運も一役買っています。そのためテ

ストの回数が増えるほど運の要素が減り、平均点に近づいていくのです。そのため上位10人は平均に向けて成績を下げ、下位10人は平均に向けて成績を上げる傾向があるのです。

　カーネマンらに次のように、この現象を無視すると危険を招く可能性があると指摘しました。

> 「飛行訓練の場合を考えてみたい。経験を積んだ教官によれば、訓練生が素晴らしい着陸をしても、その次の回の着陸はそれほどうまくはいかないという。その一方で、荒っぽい着陸で叱責された後の着陸では進歩が見られるという。そこで教官は、学習のためには誉めるよりも叱責する方がよいと主張する。この主張は心理学の知見とは正反対である。平均への回帰という現象があるため、教官が出した結論は不適当なのである」

死因は？

　カーネマンたちはスタンフォード大学の学生に、死因の確率を見積もってもらいました。死因ごとに思ったままの確率を答えてもらい、その平均を表にしました。学生たちは自然死（病死）の可能性を少し低く見積もり、人為的理由（事件や事故）の可能性を高く見積もり過ぎています。この結果からは、学生たちが事故や殺人を心配し過ぎ、自分の健康には十分に気を使っていないことが読み取れます。

　トベルスキーとカーネマンは以下のように結論を出します。「人間が使うヒューリスティックスの分析は、人間の判断が極端に偏りやすいことを示している。このような分析は、不確実な状況での人間の誤った決定を減らすのに有効であろう」

　トベルスキーとカーネマンの広範囲にわたる研究の後、人間が持つバイアス（偏り）について数多くの研究がなされてきたのです。

アメリカ合衆国における死因（％）		
死因	見積もった確率の平均	実際の確率
心臓疾患	22	34
癌	18	23
他の死因による自然死（病死）	33	35
自然死（病死）の合計	73	92
事故	32	5
殺人事件	10	1
他の人為的な死因	11	2
人為的な死因の合計	53	8

恐怖は恋心を芽生えさせるのか？

不安感が高まった状況での性的魅力の高まり

1974年の研究

- 研究者……………………
  ドナルド・G・ダットン、アーサー・P・アロン
- 研究領域……………………
  実験心理学
- 結論……………………
  恐怖と性的興奮に対する身体反応には明らかな関係がある。

　もしあなたが恐怖に震えているとしたら、普段から気になっていた人がより魅力的に見えるでしょうか？　性的興奮と本当の恐怖の違いを明確に言えますか？

　性的興奮が強い情動を伴うこと、あるいは強い情動によって性的興奮が高まることを示唆する証拠がいくつかあります。好きなパートナーと一緒に遊園地のスリリングな乗り物に乗ったり、ホラー映画を見たがる心理をこれで説明できます。実際のところ、私たちは性的興奮と恐怖という2つの感情を区別できないかもしれないのです。

キャピラノ渓谷の吊り橋

　心理学者のドナルド・G・ダットンとアーサー・P・アロンは恐怖と性的興奮の関係を調べるため、巧みな実験を考案しました。カナダのノースバンクーバーを流れるキャピラノ川に架かる2本の橋が舞台に選ばれました。まず対照実験に用いるのは、シーダー材でつくられた幅が広くて頑丈な木製の橋です。高い手すりが設置され、小川のわずか3m上に架かっています。そして本当の実験に用いるのは、キャピラノ渓谷にかかる吊り橋です。この長く狭い吊り橋は、ワイヤーで支えられ、床板は荒れ狂う奔流から70m上に位置します。手すりは低い位置にあり、渡ろうとすると橋はぐらぐら揺れてしまいます。そのため吊り橋を渡る人の多くは、手すりにしがみつき、ゆっくりと注意深く歩きます。

　被験者は18〜35歳と見なされた男性で、偶然橋を渡っていた人たちです。女性を連れていない男性が選ばれました。

　ターゲットの男性が橋を渡っていると、インタビュアーが近づいてきて、心理学実験に協力して短い質問に回答して欲しいと言います。質問用紙の1ページ目は年齢、性別、学歴、橋に来る直前に寄った観光地など基本的な項目です。2ページ目には顔を片手で覆い、もう片

方の手を前に伸ばした若い女性の絵が掲載されており、短くドラマチックな物語を書くよう求められます。

創作された物語にどの程度性的内容が含まれていたかを後で評価しました。まったく性的内容がないものを1、キスの場面があれば3、何らかの形で性交渉に言及していれば5というように点数を振りました。

魅力的なインタビュアー

被験者が質問用紙への記入を終えるとインタビュアーは感謝の言葉を述べ、もし後日に時間が取れるなら実験の詳細について説明したいと提案します。そしてインタビュアーは被験者に電話番号を教え、さらに話がしたければ電話をかけてくるよう誘いました。

読者の皆さんは、インタビュアーの性別によって被験者の反応に違いが出たはずだとお思いでしょう。インタビュアーは男女の学生が務め、被験者は全員男性です。たいていの被験者はインタビューに応じてくれましたが、特にインビュアーが女性の場合は応じた人の割合が多くなりました。

実験結果でまず目につくのは、インタビュアーが女性の場合、インタビューに応じてくれる被験者の割合が高くなっている点です。次に、吊り橋の上で女性がインタビューした場合、女性がより魅力的に見えたようだという点が指摘できます。確かに被験者の男性は性的興奮を感じており、性的内容の物語を書く傾向が強かっただけでなく、後に電話をかけてきた人数も多くなっています。

上記の実験結果を言いかえれば、恐怖と性的興奮にははっきりとしたつながりがあるのです。さらに違った言い方をすると、アドレナリンが体の中を駆けめぐったとき、それが性的興奮によるものか恐怖によるものか判別できないということなのです。

インタビュアー	実験参加者数	電話番号を受け取った人数	電話をかけてきた人数	物語の性的な記述傾向
男性・対照実験	22/42	6/22	1	0.61
男性・吊り橋	23/51	7/23	2	0.80
女性・対照実験	22/33	16/22	2	1.41
女性・吊り橋	23/33	18/23	9	2.47

1975年の研究

- 研究者
  ウィリアム・R・ミラー、
  マーティン・セリグマン
- 研究領域
  行動心理学
- 結論
  自分では悪い状況を制御できないと悟ると、抑うつ状態になる可能性がある。

犬は抑うつ状態になるのか？

学習性絶望感と抑うつ

　研究生として実験心理学者リチャード・L・ソロモンのもとで研さんしていたマーティン・セリグマンは、パブロフの実験（19ページ参照）をさらに発展させようと犬を使った実験に取りかかりました。セリグマンは中央に低い間仕切りがある箱を用意し、この中に犬を入れました。間仕切りは犬の胸ぐらいの高さにしてあります。箱に入ってしばらくすると犬は短い電気ショックを受け、さらに間仕切りの同じ側（部屋）に居続けた場合は電気ショックを間欠的に受けることになります。犬が間仕切りを超えてもう一方の部屋に移ると電気ショックは止みますが、しばらく経つとこちら側でも電気ショックを受けます。犬が電気ショックを避けるには、間仕切りを飛び越え、2つある部屋を交互に使わなければなりません。

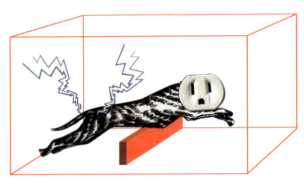

　犬はすぐに、電気ショックが始まる信号を察知すると間仕切りを飛び越えることを学習しました。このような学習はオペラント条件づけと呼ばれるものです。

　次にセリグマンは、別の犬のグループ（第2グループ）に回避できない電気ショックを与えました。このグループの犬を1匹、先ほどの間仕切りのある箱に入れても、間仕切りを飛び越えることは決して学習せず、立つかうずくまったまま電気ショックが止むのを待っているだけでした。セリグマンに電気ショックを受けたことのない犬からなる第3のグループを用意します。このグループの犬を間仕切りのある箱に入れると、すぐに間仕切りを飛び越えて電気ショックを回避する方法を学習しました。

絶望を学習する

セリグマンは、避けようのない電気ショックが、第2グループの犬に「学習性絶望感」を与えたのだと結論づけました。このグループの犬は、何をしても電気ショックを回避できないことを学習したのです。悪あがきをしても何になるでしょう？ セリグマンが電気ショックを与える箱から間仕切りを取り去り、犬とは反対側の端に餌を置いても、犬はあえて動こうとはしませんでした。

セリグマンは次のように記しています。

> 「実験者が絶望感に陥っていない犬をケージから出そうとすると、犬は応じようとせず、吠えたりケージの奥に逃げ込んだりする。これとは対照的に、絶望感に陥った犬は意気消沈してケージの床にうずくまり、時折、転げまわってから服従の姿勢をとる。抵抗することはない」

人間も同じだろうか

セリグマンとミラーは、人間でも同様の現象があることに気づきます。ある実験では、気が散るような騒音の中で被験者に暗算をしてもらいました。被験者の何人かは、自分で騒音を止められることに気づきます。そして、そのことに気づいた被験者は、以後、あえて騒音を止めないケースが多かったにもかかわらず、暗算の成績を向上させたのです。この実験のポイントは、自分で騒音を止められると知ったことで、もはや絶望感を感じなくなった点です。

研究者たちは抑うつ状態にある人々をも調査し、そのような人々が学習性絶望感に陥った犬と同様の状態——疲労、睡眠障害、不幸の予兆におびえる、精神的無力感など——を見せることを知ります。研究者たちは次のように考えました。1．抑うつ状態の特性には、学習性絶望感によって引き起こされたものがある。2．抑うつ状態にある人々は自分ではどうしようもないと「信じて」いる。

患者自身はどのように説明するのか

ミラーとセリグマンは、抑うつ状態にある人々は「抑うつ的説明スタイル」——「問題は自分が無力なことだ。何の役にも立たないだろう。何もかも絶望的だ」などと信じ込むこと——をとっていると示唆します。そのような人々は、自分は助けを得られないと「信じる」ことで、さらに落胆するというのです。

2人は、病院で抑うつ状態にある患者は、統合失調症の患者や正常な医学生に比べると、自身についてこの種の説明をする傾向が強いことに気づきました。

また、大学の成績評定でＡが欲しいのにＢになったり、Ｃだと思っていたらＤになるなど、不本意ながら低い成績になってしまった場合、普通がっかりするだけですが、抑うつ状態にある大学生の場合は抑うつ的説明スタイルをとることもわかりました。
　人間は、とても楽しみにしていたことが起きなかったり、ひどく不快な出来事が起こった場合、それらに対処する方策がないことを悟ると、絶望的な抑うつ状態に陥りやすいのです。

無力感の類型
　一団の被験者たちが、対処できそうもない騒音にさらされたと想像してみてください。実験者は、この騒音はあなたたちが止められるはずだと言います。しかし被験者たちには止め方がわからないとします。このような場合に被験者たちは、騒音は本当に制御不能なのだと考えるか、単に自分たちには騒音を制御する能力がないのだと考えるはずです。
　ミラーとセリグマンは、普遍的無力感と個人的無力感の違いについても説明しています。ある子どもが白血病にかかっているとします。父親は子どもの命を救うため、できるだけのことをしましたが、いずれも効果はありませんでした。そのため父親は、自分にできることは何もないし、子どもの命を救える人もいないだろうと考えました。ついに父親はあきらめてしまい、行動に無力感や抑うつ感が見られるようになります。このようなケースを「普遍的無力感」と呼びます。
　次に、学生が数学を熱心に勉強しているとします。勉強は際限なく続き、学生は補習授業を受け、家庭教師を雇いますが成績は伸びません。そして試験で落第してしまいました。この学生はついに、自分は愚かなのだと信じ込み勉強を放棄してしまいます。それ以来、買い物で必要な金額を見積もったり、納税申告で書類に記入するなど、あらゆる計算が苦になってしまいます。このケースは「個人的無力感」です。

結　論
　ミラーとセリグマンは、無力感による悪影響について指摘しています。他の人が成功しているのに、自分は試験に落ちたりビジネスで失敗した人は、成功は運不運で左右されると考える人よりも自分を低く評価しがちです。また成績が悪い学生が試験で不合格になると、他の人が合格していれば自分を低く評価し、他の人も不合格ならば努力は必ずしも結果に結びつかないと考えがちです。

耳だけで聞き取れるのか？

読話の重要性

1976年の研究

- ●研究者……………………
  ハリー・マガーク、ジョン・マクドナルド
- ●研究領域……………………
  知覚
- ●結論………………………
  他の人の話を聞く際には、耳と同じように目も使っている。

　読話をすると誤って聞き取ってしまうことがあります。誰かと電話で話すときには音声だけに頼らざるを得ませんが、面と向かって話すときは、声を聞くと同時に相手の唇の動きを追っているはずです。大半の人にとって読話は役立つ技能ですが、特に聴覚に障碍がある人にとっては重要です。ほとんど音が聞こえない人たちは、読話に頼って会話をしています。

　しかしハリー・マガークは、特定の状況では読話が聞き取りを妨げるという奇妙な現象に気づきました。若い女性がカメラに向かって話しかけている映像を見ていたのですが、女性の「ba…ba」という音声が、「ga…ga」と声を出したときの唇の動きと見事に同期したのです。

　さて、どのように聞こえたのでしょうか？マガークには「da…da」と聞こえ、目を閉じると「ba…ba」と正しく聞こえました。しかし再びマガークが目を開けてスクリーンを見ると、やはり「da…da」と聞こえます。一緒に仕事をしていた同僚に試してもらったのですが、結果は同じでした。

　そこで今度は逆に「ga…ga」という音声を「ba…ba」という唇の動きに被せてみました。すると「bagba」または「gaba」というように聞こえました。

実験用映像をつくってみる

　この発見に興味を持ったマガークは調査を進めることにして、よく工夫された実験を考案しました。現象が実際に起きることを確認し、発見した現象から、誰にでも当てはまる理論を構築することにします。そのため女性に「ba…ba」「ga…ga」「pa…pa」「ka…ka」の順にそれぞれ3回発音してもらい、唇の動きがわかるよう近寄って映像を撮影しました。その後、慎重にフィルムを編集し、下の図のように4種類の音声つきの映像を制作しました。

　マガークはこの実験用フィルムを103人に見せました。被験者103人は、就学前の3〜4歳の幼児が21人、7〜8歳の小学生が28人、主に男性からなる大人54人という構成でした。どの被験者も1人でフィルムを見て、どのように聞こえたかを回答します。次に唇の動きを見ずに音声だけを聞き、どのように聞こえたかを回答するのです。

　結果は興味深いものでした。唇の動きを見ずに聞いた場合は正確に聞き取っており、幼児の91％、小学生の97％、大人の99％が正しく回答しました。

実験用フィルム	1	2	3	1
音声	ba…ba	ga…ga	pa…pa	ka…ka
唇の動き	ga…ga	ba…ba	ka…ka	pa…pa

　唇を見ながら聞いた場合に、「誤った」発音を聞き取った被験者は、それぞれ59％、52％、92％でした。

　マガークは、音声と唇の動きの情報が合わさり、まったく別の音として聞こえることを「融合反応」と名づけました。例えば「ba…ba」と「ga…ga」なら「da…da」と聞こえます。音声と唇の動きが変化すると、聞こえる音も変わります。「ga…ga」という音声に「ba…ba」という唇の動きを合わせると「bagba」と聞こえます。マガークはこれらを音声と唇の動きの「組み合わせ」と呼んでいます。

　実験結果でまず目を引くのは、被験者の多くに非常に似た効果が見られたことです。大人の98％はba/gaの組み合わせ（前が音声、後ろが唇の動きです）をdaと聞き取り、同じく大人の81％がpa/kaの組み合わせをtaと聞き取ったのです。また子どもが視覚よりも聴覚に頼っている度合が大きいことは明らかでしたが、それでも50％を超える

子どもの被験者に、大人と同じような融合反応による影響が認められました。

大人は子どもよりも唇の動きに影響されやすく、もしどちらか一方の感覚に頼るとすると、大人は視覚、子どもは聴覚を使います。

結　論

マガークは、母音の音には、その直前にある子音を識別するための情報が含まれていることを指摘し、以下のように仮説を立てています。

> 「『ba』という音の波形には『da』と共通する特徴があるものの、『ga』とは共通点がないと仮定すれば、被験者の錯覚を説明する仮説が立てられる。つまり『ba』という音声と『ga』という唇の動きの組み合わせには、『ga』と『da』に共通する視覚情報と、『da』と『ba』に共通する聴覚情報が含まれていると考えるのである。視覚と聴覚に共通する情報に対して反応すれば、被験者はその2つをまとめて『da』と知覚することになる」

これらの実験は、人間、特に大人がいかに無意識のうちに視覚（読話）に頼っているかを示すものです。そして、映像と音声を組み合わせたメディアによって混乱したり騙されたりすることへの警鐘も鳴らしています。録音された音声が、完全なものである保証はないのです。

1978年の研究

- 研究者……………………
  エドアルド・ビジャッキ
- 研究領域……………………
  知覚
- 結論……………………
  脳にダメージを受けると視野の半分が欠ける可能性がある。

どのようにして世界の半分を失っているのか？

半側視野と半側空間無視

　一部の人々は、自分の前方に広がる世界の半分しか見えないようです。脳卒中の発作後、半身が麻痺したり喋るのが困難になる人が大勢います。そして少数ですが、半側空間無視という症状を示す人がいるのです。この症状があると、視野の左右どちらか半分にはものが何もないかのように振るまうのです。

　脳の右側が損傷を受けた結果、左半分の視野が無視されるケースが一般的です。半側空間無視の症状があると、男性なら自分の顔の右半分の髭だけを剃り、女性なら顔の右側だけに化粧を施したりします。また、お皿の右側にある料理だけを食べるため、他の人がお皿を回転させて料理の位置を変えないと完食できません。

　半側空間無視がある人に絵を描いてもらうと、どのようなものも右端がつぶれたような形に描かれます。時計の文字盤は右側だけしか描かれないか、文字盤の数字はすべて書かれているものの右側にぎゅう詰めになっていることがあります。花を描いた場合には、花びらがすべて片側に寄ってしまうことがあります。

　また左側を無視してしまうため、歩行中に何かに衝突したり、ドアの左側の戸枠にぶつかる危険性もあります。

　不思議なことに、半側空間無視がある人は左側の視覚を失っているわけではありません。目を通して視覚情報は入ってくるのですが、その情報を処理できないのです。そのため、あたかも左側を無視しているだけか、あるいは左側に注意が向かないだけかのように振るまいます。この症状を持つ患者に単語を読んでもらうと、単語の右半分の文字だけを認識し、不足分は推測して補う可能性があります。PEANUT（ピーナッツ）という単語であれば、「NUT」や「WALNUT」と答えるのです。あなたが患者の左手を握り、これは何でしょうかと尋ねれば「手です」と答えるでしょう。しかし誰の手ですかと尋ねた場合には、「わかりません。私の手ではないですから、きっとあなたの手に違いないでしょう」と答えるかもしれません。このように半側空間無視を持つ人の脳は、話をつくり上げるか、その人が事実と認識していることに合うようスト

ーリーを組み立てるのです。

　他にも実験によって、脳の右半分が、直接感情に訴える情報を取り込めることがわかっています。ただし患者は、その情報について説明はできません。マーシャルとハリガンは、２軒の家が上下に並べて描かれた絵を患者に見せました。２軒の家はそっくりですが、一方の家の左側の窓から炎と煙が出ています。

　患者は２軒の家は同じものだと答えましたが、住むとしたらどちらがいいですかと尋ねると、炎上していない方の家を選んだのです。患者は、「火事になっている」という感情に訴えかける情報を明らかに得ているのです。しかしその情報は無視され、視覚システムには伝えられませんでした。

　エドアルド・ビジャッキは見事な実証方法で、この無視するという働きが、視覚から情報を受け取って以降の段階で行われていることを示しました。ビジャッキはイタリアのミラノで勤務していました。この街の人たちは誰でも、素晴らしい大聖堂とその前の広場を知っています。ビジャッキはまず患者に、大聖堂に向き合って立っていると想像して、何が見えるかを言ってもらいました。

　患者たちは広場の右側に建つ建物はすべて挙げましたが、左側の建物には言及しませんでした。次にビジャッキは、大聖堂を背にして立っていると想像して、何が見えるかを言ってもらったのです。案の定、患者たちは先ほど述べていたのとは反対側の建物について答えました。この実験で、患者は広場の全周囲の情報を持っているものの、特定の場所からの風景になると左側を無視することが確認できました。

　さらに興味深いことに、この現象は実際に広場に立っているときには起こらず、広場に立っていると想像したときに起きているのです。片側しか見えないという世界は、視覚だけによって成り立つものではなく、想像力からさまざまな影響を受けてなり立っているのは明らかでした。おそらく脳卒中の発作が起きる前に、広場の全周の風景が記憶されていたものの、発作後はその片側しか取り出せなくなったのでしょう。

第6章 意識の中へ

1981年〜

　1980年代まで「意識」という言葉は、精神についての科学的議論では、ほとんど使用を認められていませんでした。どうすれば意識を研究できるのかという問題が解決していない上に、被験者が自分の意識に潜り込んだ場合、心理学者は「難しい問題」に対峙しなければならないからです。すなわち精神と肉体は別々の存在のように見えるにも関わらず、間違いなく関連があり、しかも同じものだという可能性すらあるからです。

　肉体の中に自分がいて、目を通して世界を見ているかのようにも感じられますが、私たちはこの考え方が誤りだと知っています。そうではなく、肉体の中には無数の神経細胞が存在し、それらが何十億通りもの経路でつながり情報を処理しているのです。科学者たちが目を向け始めたのは、この莫大な情報経路でした。

1983年の研究

- 研究者……………………
  ベンジャミン・リベット、カーティス・A・グリーソン、エルウッド・W・ライト、デニス・K・パール
- 研究領域……………………
  意識
- 結論……………………
  自由意志は神話に過ぎないにもかかわらず、人間はみな、自分の行動に対し責任を持たされる。

本当に自分自身をコントロールできているのか？

自由意志にまつわる神経科学

　私たちはみんな、自分の意志で自分の行動をすべてコントロールしていると考えています。でも本当にそうでしょうか。1980年代にアメリカの神経心理学者ベンジャミン・リベットと研究チームが、右利きの大学生5人を調べました。大学生にはラウンジのチェアにリラックスした姿勢で座り、右腕を前に突き出してもらいました。

　被験者がリラックスすると、実験準備を告げる音が鳴らされます。被験者には、この音が鳴ってから1、2秒以内に頭、首、前腕の筋肉を弛緩させるよう指示してあります。そしてこれ以後、被験者がそうしたいと思ったときであればいつでも、不意にすばやく指か手首を回転させるのです。この動きは被験者が自発的に行います。「行為を行いたいという衝動がひとりでに湧き出てくるのにまかせ、事前にいつ行うかを計画したり、行為のタイミングに意識を集中させないようにする」のです。つまり、被験者はそうしたいと思いついたタイミングで、自由意志に基づいて手首をひねらなければなりません。この行為を40回反復しました。

　研究チームは他にも、以下の3つの計測を行いたいと考えました。

1. 前腕に電極をつけ、手首や指の動きがいつ始まったかを記録します。
2. 「準備電位」（動作をする1秒以上前から徐々に上昇する負の電位）を計測します。手首の筋肉が動く直前、手首には脳が発した指令が届いています。準備電位とは、脳が指令を発する準備段階で見られるもので、頭部に電極をつけることで計測できます。
3. 意志決定した時点、つまり「自発的行為をしたいという意識的な意図が現れた」のがいつなのかを記録します。ただしこれは主観的なものであり、被験者にしかわかりません。

問題は3の意志決定のタイミングをどうやったら把握できるかという点です。

意志決定の瞬間

被験者に「今だ」と叫ぶよう依頼しても、声が出てくるまでに遅延が生じるため計測には使えません。また押しボタンを押すなど、身体を動かす場合には反射時間が必要となり、その分遅れてしまいます。

そこで研究チームは、時計のように光の点が円を描いて動くオシロスコープを被験者の前に置きました。光の点は2.56秒で一周します。オシロスコープには、時計の文字盤のように放射状の線が60本描かれていましたので、この一刻みを光の点が動くのに約43ミリ秒かかることになります。

被験者は、手首を動かすことに決めた瞬間にオシロスコープを見て、光の点がどこにあるかを記憶するのです。この方法の有効性を確認するため、研究チームは実験が終わるごとに、被験者に確認のためのテストを行いました。被験者の手の甲に弱い刺激を与え、刺激を感じたときにオシロスコープ上の光の点がどこにあったかを覚えてもらうのです。刺激はランダムな感覚で与えられました。刺激を与えた時点と、被験者がオシロスコープの時計で確認した時点の誤差はわずかで、しかも誤差の

139

値は被験者ごとに安定していたのです。非常に信頼できる方法であることが確認できたため、この誤差を、被験者の意志決定がいつ行われたかを推測する際の「修正値」として用いることになりました。

準備電位

　実験結果にはかなりのばらつきがありましたが、平均すれば、実際に筋肉が動き出す約1秒（1000ミリ秒）前に準備電位が現れました。行為を行おうという意志決定も、実際の動作に先行していました。ただし、試行は数百回行われましたが、そのいずれにおいても意志決定は準備電位の出現よりもかなり遅れており、平均350ミリ秒の遅れが生じていたのです。

　つまり脳は、被験者が行為を行おうと「決定する」よりも、およそ3分の1秒先行して活動を始めていることになります。

　リベットらはこの実験結果を次のように記します。

　　「……他の比較的『自然に行われる』行動——意識せずに、あるいは事前の計画なしに行える——もまた、無意識のうちに先行している脳の活動によって引き起こされていると推測される。この推測が正しいとすれば、人間が自分の意志通りに行動を開始し、自発的行為のすべてをコントロールしている可能性が減じられると思われる」

　リベットの実験結果は、人間が「意識的に行っている意志決定」が行為の原因ではないことを示唆します。あたかも自発的に行ったかのように何らかの行為をした後で、その行為をしようと決断しているのかもしれません。さらに、人間には自由意志がないという可能性すら示唆します。

　リベットは1985年に、さらなる実験結果を報告します。この実験では被験者に、行為をしようと決意した後で、その行為を中止してもらいました。今回の実験では筋肉に活動は見られませんでした。つまり被験者は、行為を中止するだけの時間的余裕は持っており、そのため行為を中止できたのです。

結　論

リベットが出した結論は以下のとおりです。

「……現在の実験結果とその分析から得られた知見に関して重要なことは、知見が個人の責任と自由意志という『哲学で実在するとされていること』を排除するものではないという点である。意志が実行に移される過程では、無意識に行われる脳の活動が先導するかもしれない。しかし意識的行動では、実際の身体の動きが意識によってコントロールされているのは確かである。したがって知見を、自由意志を否定するものとして扱うべきではない。自由意志がどのように行動に移されるかを考える際に、考慮すべきものとして扱うべきである。一般に『意識的な拒否』、あるいは『意志に基づく運動行動のブロック』という概念は、宗教的、人間的な倫理観や個人の責任と深く結びついている。何か意図的な行動をする際に『自制心』が推奨されることが多いが、この考察では、無意識のうちに開始された行為の最終段階で自制心が用いられていると考える。最終段階では、脳内で無意識に始められた活動を、実際の行動に移すかどうかを意識的に選別し抑制しているのである。モーセの十戒に代表される倫理規定の多くは、しなさいと指示するものではなく、してはならないという禁止の規定なのである」

1984年の研究

- 研究者……………………
  ダイアン・C・ベリー、ドナルド・E・ブロードベント
- 研究領域…………………
  認知、意志決定
- 結論………………………
  実務、訓練、声に出しての確認は最良の組み合わせである。

実務は能力を向上させるのか？

「製糖工場の作業」

　何か課題を解決した後、自分がどのように取り組んだかを常に説明できるでしょうか。ダイアン・C・ベリーとドナルド・E・ブロードベントは、人々が複雑な知的作業にどのように取り組んでいるのかを研究することにしました。能力は実務によって磨かれたのでしょうか。それとも訓練の賜物でしょうか。そして後になって、自分の能力向上方法を説明できるのでしょうか。

　ここでは2人が行った実験の1つを、簡略化してご紹介します。

製糖工場

　ベリーらは架空の製糖工場の運営管理をシミュレートするコンピューター・ゲームを開発しました。このゲームでユーザーが取り組む課題は、一見すると単純なものです。工場の従業員600人、砂糖の生産量6000トンという状況からゲームは始まります。被験者に与えられた目標は、砂糖の生産量を9000トンにまで拡大し、さらに可能ならその状態をゲーム終了まで維持することです。被験者が操作できるのは従業員数です。

　実際には、このゲームにはインチキなアルゴリズムが組み込まれていましたが、被験者はそのことを知らず、当て推量と直感で取り組まなければなりません。

ゲームの難しい点

　このゲームでは、従業員数を800人で変えずにいても、常に同量の砂糖が生産できるわけではありません。そのため被験者は常に状況を確認しなければならないのです。早い時期に9000トンの生産量を達成し、以後も同じ数の労働力を投入し続けたとしても、生産量はほぼ常に変動します。

実験では、コンピューターのキーを押して「実行（砂糖の生産量を算出すること）」できる回数を制限しました。実行後に生産量が8000から10000トンの間に収まった回数が、被験者のスコアになります。もし投入する労働力を完全にランダムに決めた場合、スコアは3.4になります。そのため、スコアがこの値を上回ったのなら、被験者が製糖工場の運営方法について何かを習得したに違いありません。
　果たして被験者のスコアは3.4を上回ったのでしょうか。工場の運営に習熟したのでしょうか。
　被験者は5つのグループに分かれていました。Aグループは「実行」を30回行えますが、1人1度しかゲームに取り組めません。Bグループは「実行」を30回行うゲームに2度取り組めますが、1度目の後にすぐ2度目を始めます。Cグループは「実行」を20回行うゲームに2度取り組みます。そして1度目の後に綿密な訓練を受け、どのようにプレイすればよいかを習います。Dグループは訓練を受けませんが、2度目のゲームでは声に出しての確認を行うようすすめられました。自分が何をしているかを説明できる状態に置くためです。Eグループは1度目の後に訓練を受け、2度目では声に出しての確認を行うようすすめられました。

結　果

　A、B両グループの平均スコアは右表のとおりでした。
　平均スコアを見れば、ランダムに操作した場合のスコアである3.4をかなり上回る結果を出しています。Bグループの2度目のスコアが1度目のほぼ倍になっていることから、実際の操作を通じて上達したのは明らかです。つまり被験者は、課題の解き方について何かを学んだのです。

グループ	30回実行したスコア（最高は30）	
	1度目	2度目
A	8.7	—
B	8.6	16.2

取り組み方を説明する

　実験終了後、被験者はどのように課題に取り組んだかについて質問用紙への記入を求められました。
　回答内容が評価され、1（悪い）から5（優れている）までの点数がつけられました。A、B両グループの点数はわずか1.7でした。つまり両グループの被験者たちは自分がしたことを説明できなかったのです。Bグループの被験者は、ゲームのスコアを大幅に上昇させましたが、この質問ではAグループよりも際立って高い点数は取っていません。その上、ゲームのスコアが悪かった被験者でさえ、質問への回答では1.6と、ゲームで良いスコアを出した被験者と同等の点数を取ったのです。

被験者が何かを学んだのは間違いありませんが、それを言語化できませんでした。実験後の懇談でインタビューされた被験者の多くが、「一種の直観」をもとにプログラムに取り組まなければならなかったと、ぼやいていました。「これが正しいだろう」という直観を根拠にして判断していたというのです。

　C、D、Eグループの結果はより興味深いものでした。各被験者が1度のゲームで30回ではなく20回しか「実行」を行えないため、スコアはA、Bグループよりも低くなっています。こちらのグループでも、1度目のスコアよりも2度目の方が高くなっており、実際のゲームで操作に上達したことがうかがえます。しかしCグループでは訓練の効果がなかったようで、2度目のスコアはDグループとほとんど変わりません。

　しかし訓練は、質問への回答で劇的な効果を上げました。CとEグループの点数はA、B、Dグループのおよそ倍に達しています。両グループの被験者たちは、どのようにゲームに取り組もうとしていたかを自分で理解していたのです。

　声に出しての確認を行うだけでは、ゲームでも質問でもたいした効果はありませんでした。ただし訓練と併用した場合には、2度目のゲームで目を見張るようなハイスコアを達成しています。

結　論

1. ゲーム後の質問では、個々人の上手さを測れない。
2. 口頭で行う訓練はスコアを向上させない。
3. 実践でよいスコアを出しても、なぜそのような結果を出せるか説明できない可能性がある。

　被験者の中には、直観を何か神秘的な力か説明しがたい能力としてとらえている人もいました。しかし実験により、何を学んでいるか把握していなくても技能が上達するのは、ごく普通の現象であることが示されました。何かおかしいと感じれば、その理由がわからなくても何らかの決断をするものです。誰もがこのような形で、直観を使っているのです。

グループ	20回実行したスコア		質問
	1度目	2度目	
C（訓練）	4.7	7.0	3.6
D（声に出しての確認）	4.5	6.7	1.6
E（訓練と声に出しての確認）	5.2	13.3	3.4

自閉症スペクトラムの子どもは世界をどのように見ているのか？

「心の理論」

1985年の研究

- 研究者……………………
サイモン・バロン＝コーエン、アラン・M・レスリー、ウタ・フリス
- 研究領域…………………
発達心理学
- 結論………………………
自閉症スペクトラムの子どもは他者の心を「見られ」ない。

　自閉症スペクトラムの人はそう多くはありません。1万人の子どものうちおよそ4人の割合です。自閉症スペクトラムの子どもは多くの点で一風変わっていますが、本人は特にコミュニケーション——会話に限らず——が苦手で悩んでいます。コミュニケーションが不得意だということが、社会環境に溶け込めず社会的関係を発展させられない大きな理由の1つになっています。自閉症スペクトラムの子どもは「他人を物のように扱う」と言う人もいます。

　バロン＝コーエンと同僚の研究者たちは、自閉症スペクトラムの人々は他者の欲求、感情、信念などを理解できる——このような心の機能を「心の理論」と呼びます——のだろうかと疑問を抱きました。心の理論は、大半の子どもでは3〜4歳のときに初めて見られるようになります。自閉症スペクトラムの子どもは、たとえ知能指数が高くても、「ごっこ遊び」を楽しめません。このことから、研究チームは自閉症スペクトラムの子どもは心の理論を持たないのではないかと推測しました。

　研究チームは自閉症スペクトラムの子ども20人、ダウン症候群の子ども14人、特別な対応を必要としない子ども27人を比較しました。いずれも小学校入学前の3歳半から6歳の子どもです。自閉症スペクトラム児の平均的な精神年齢は、他のグループよりも高くなっていました。知能指数の平均は、自閉症スペクトラム児が82で、ダウン症候群児は64でした。

実 験

　子どもを1人ずつ招き、実験者が人形2体を使って短いストーリーを演じました。人形の名前はサリーとアンです。まず実験者が子どもの前で人形に名前をつけ、その後、どちらの人形がサリーでどちらがアンかを質問しました。被験児61人全員が正答しました。

　次いで実験者は人形を使ったゲームをします。サリーがおはじきを1つ、自分のバスケットに入れてから立ち去ります。そこへアンがやって来て、おはじきを自分用の箱の中に隠してしまいます。サリーが戻って来ると、実験者は「サリーはどこにおはじきを探しに行くでしょう」という重要な信念質問をします。子どもがバスケットを指せば正解です。サリーが現在は誤った信念を持っているのだと、理解していることになるからです。しかし間違えて箱を指したときは、子どもは自分では箱の中におはじきが隠されていると知っているものの、サリーはそのことを知らないのだと理解していないことになります。

　続いて実験者は、人形を使って同じ手順をくり返しますが、今度は最後におはじきを実験者のポケットに入れてしまいます。

　また、各場面の終わりで、実験者は2つの重要な質問を投げかけます。1つは「現実」を確認する質問で、「おはじきは本当はどこにあるのかな？」と尋ねます。もう1つは記憶を確かめる質問で、「最初、おはじきはどこにあったかな？」と尋ねるのです。被験児全員が例外なく、この2つの質問に正しく答えました。おはじきが今どこにあるかを把握しており、最初にどこにあったかを覚えていたのです。

　ところが「サリーはどこにおはじきを探しに行くでしょう」という質問では、回答はバラバラになりました。特別な対応を必要としない被験児の85％と、ダウン症候群児の86％は正しい場所——サリーのバスケット——を答えましたが、自閉症スペクトラム児で正答したのはわずか20％でした。

　正答した自閉症スペクトラム児のうち4人は、他の自閉症スペクトラム児とそれほど違うようには見えませんでした。実年齢も精神年齢も、被験児グループの中では平均的なものでした。
　事態を把握しているかをチェックするための統制質問には、どの被験児も正しく答えていましたので、すべての被験児が何が起こっていたかは理解していたわけです。おはじきはサリーが立ち去った後に、どこか別の場所に移されたと知って（信念を持って）いたのです。

　特別な対応を必要としない被験児とダウン症候群児は信念質問

に正しく答え、サリーのバスケットを指差しました。研究チームは以下のように結論を出しました。

「したがって（正答した）被験児たちは、おはじきの実際のありかについての自分の知識と、人形が持っているであろう知識は違うのだということを理解していなければならなかった。つまり人形自身の信念に基づいて、人形の行動を予測したのである。

これに対して自閉症スペクトラム児は一貫して、実際におはじきがある場所を答え続けた。実際とは『異なる』場所は指さず、実際におはじきがある場所を指した……ゆえに自閉症スペクトラム児は、自身の知識と人形の知識を区別するということを理解していなかったと判断される。

この研究結果は、自閉症スペクトラム児は共通して心の理論を用いられないのだという仮説を強く支持するものとなった。他者の心理状態を想像する能力が欠けているという言い方もできる。そのため実験で自閉症スペクトラムの被験児は、信念を他者に当てはめることができなかったのである。自閉症スペクトラム児は他者の行動を予測する際、非常に不利な立場に置かれていることになる。

これらの実験結果により、認知障害は一般的事項に関する知的水準とは、ほぼ無関係に存在することが示された。さらに、ごっこ遊びができないことと、限局的な認知的失敗による社会的障害の発生のいずれをも、認知障害によって説明できる可能性が示されたのである」

一方で、研究チームは信念質問に正答した４人の自閉症スペクトラム児──１回目のストーリーと、おはじきを実験者がポケットに入れた２回目のストーリーの両方とも正答しました──は心の理論を用いたのではないかと考えました。それならばごっこ遊びに入れるかもしれません。また、社会的関係を築く際に少しは苦労が軽減されるかもしれません。

サリーとアンを使ったテストは、子どもの心の理論だけでなく、心の理論が社会的相互作用や共感とどのような関係にあるかを研究するのに広く用いられています。

1988年の研究

- ●研究者 ……………… ランドルフ・C・バード
- ●研究領域 ……………… 社会心理学
- ●結論 ……………… バードが集めたデータは、祈りには有益な効果があることを示している。

祈る人々は治療に貢献できるか？

「とりなしの祈り」の研究

　読者のみなさんが重い病気にかかったと想像してみてください。そのとき、誰かに自分のために祈って欲しいと願うでしょうか？ ランドルフ・C・バードは次のように指摘します。「祈りが向かう対象は世界中の宗教で異なっています。しかしそれでも、救いと癒しを求めて祈るのは、事実上すべての社会の基本概念なのです。西洋の文化では、ユダヤ教とキリスト教の神に向かい、他者のために祈る『とりなしの祈り』が広く受け入れられ実践されています」

　聖書では次のように明確に述べています。「アブラハムが神に祈ると、神はアビメレクとその妻、および侍女たちをいやされたので、再び子どもを産むことができるようになった」（創世記第20章17節）。「プブリウスの父親が熱病と下痢で床についていたので、パウロはその家に行って祈り、手を置いていやした」（使徒言行録第28章8節より）。

　より最近では、1872年にフランシス・ゴールトンが聖職者の祈りの効果を調査し、有益な効果は認められなかったと報告しています。ゴールトンはさらに、イングランドでは数千人の人々が毎週日曜日に王室一家の健康を祈っているが、歴代国王の中には同時代人よりも著しく長命だった王はいないとも指摘しました。

　しかし、祈りの効果についてのしっかりとした科学的証拠もありませんでした。そこでバードは調査を始めました。サンフランシスコ・ジェネラル病院の冠疾患集中治療室で合計450人の患者に、入院中、その人のために祈っても構わないかと尋ねてまわりました。393人が承諾してくれます。

　バードは患者をランダムに2つのグループに分けました。第1グループの192人については「とりなしの祈り」を神に捧げ、第2グループの201人については、その人のための祈りはしませんでした。バードも患者も、医師や医療スタッフも、どの患者がどちらのグループに属するかは把握していません。

とりなしの祈り

　「とりなしの祈り」は、すべて次のような形式でした。「キリスト教徒として新

しく生まれ……日々の祈りのようにキリスト教徒として活動し、地元の教会とのつながりを大切にして信徒との交わりを豊かにします」。祈る人は、第1グループの患者1人につき3〜7回、とりなしの祈りを捧げるようスケジュールが組まれ、祈る人には患者のファースト・ネーム、診断結果、その他の状況が事前に伝えられました。

祈る人は患者が退院するまで、毎日病棟の外で祈りました。「祈る人は毎日、患者の早期の回復と合併症の防止を祈り、患者が死に至らないことを祈った」

病院の記録を詳細に調べたところ、患者が入院した理由を分類すると30にものぼることがわかりました。全体として見れば、2つのグループの患者が入院した理由に大きな偏りはありませんでした。

祈りを始めた後の経過については「病状の悪化や死亡の危険性の増加を、最低限に止めるような出来事が起こった場合だけ『良好』と判断した。病状が悪いまま推移し、死亡の危険性が中程度だった場合は『変化なし』とした。そして病状が悪いまま推移し、なおかつ死亡の危険性が高い場合と、実験期間中に死亡した場合は『悪化』とした」

結　果

第1グループでは85％の患者が「良好」な経過をたどったのに対し、対照群である第2グループでは「良好」だった患者は73％でした。「変化なし」は第1グループの1％、第2グループの5％でした。そして「悪化」だったのは第1グループの14％と第2グループの22％でした。

結　論

バードは第1グループの患者は対照群である第2グループの患者に比べ、「鬱血性心不全が少なく、利尿剤と抗生剤の投与量が少なかった。肺炎に罹患した回

評価	経　　過	
	祈られた患者（192人）	対照群（201人）
良　好	163	147
変化なし	2	10
悪　化	27	44

数は少なく、心不全を起こした回数も少なかった。気管挿管されて酸素を送られている患者の数も少ない」と結論を出しました。したがって「祈られたグループは全体として良い結果を出している……このデータをもとに考えれば、祈りには効果があると思われ、その効果は患者にとって有益だと判断できる」と言います。

　ですが懐疑的な評論家もいます。「良好」と判断された患者の入院理由は、30のうちのわずか6つに限定されているというのです。さらにある評論家は、バードの実験結果は「テキサスの狙撃手の誤謬」によるものだと指摘しました。これは「遠くの壁に描かれた的に銃弾が命中した跡があるので腕前を誉めたら、実は銃弾が当たった壁に後から的を描いていた」というジョークから生まれた言葉で、関係が無いことがらを、あたかも相関関係があるように扱うことを意味します。つまり「祈りの効果があったと判断できるデータが見つかるまで探し、それから祈りと病状の関連性を指摘した」のではないかという批判です。

　バードの実験結果を再現する試みが後に何度も行われましたが、バードの主張に肯定的な証拠はあってもごくわずかで、まったく見つからない場合もありました。ハーバート・ベンソンが2006年に報告した、大規模なSTEP（とりなしの祈りの治療効果の研究）プロジェクトでは、冠動脈バイパス手術を受けた患者1802人を対象に調査が行われました。

　患者は3つのグループに分けられました。Aグループ（604人）の患者には、祈ってもらえるかどうかわからないと伝えておき、実際には患者のための祈りが捧げられました。Bグループ（597人）にも祈ってもらえるかどうかわからないと伝えておき、実際には患者のために祈ることはありませんでした。Cグループ（601人）には祈ってもらえると伝えておき、その通りにしました。祈りは患者の手術日前日から始まり、14日間続けられました。

　実験開始から1ヶ月後までにAグループの52%、Bグループの51%、Cグループの59%の患者が重篤な合併症を発症し、なかには死亡した患者もいました。つまり自分のために祈ってくれると言われ、実際に祈られていたCグループが、他のグループよりも悪い状況に陥ったのです。おそらくこれは「パフォーマンス不安」（大勢の前で何かを演じるときに感じる不安）が原因でしょう。もし祈りに応えられず病状が悪化したらどうしようと、患者が気にしてしまったのです。

人の顔を覚え続けていられるか？

脳卒中の発作後の相貌失認

羊の顔の方が人間の顔よりも判別しやすいなどという状況を想像できますか？　脳卒中に見まわれた後、相貌失認（失顔症とも言います）を発症することがあります。その場合、他の人の顔を識別できなくなってしまいます。少数ですが、人生を通して相貌失認で苦しみ、相手の顔を識別できずトラブルにつきまとわれる人もいます。

識別できない対象が、人間の顔以外におよぶケースもあります。鳥について相貌失認に陥った野鳥観察家は、もはや鳥を識別できなくなりました。所有する牛を識別できなくなった酪農家がいる一方、自分の牛と犬は識別できるのに、人間の顔は見分けられない人など症状はさまざまです。ジェーン・E・マクニールとエリザベス・K・ウォリントンはW・Jという患者の協力を得て研究を進めました。W・Jは脳卒中を何回か続けて起こした後に重度の相貌失認に陥ってしまい、人間の顔の判別がまったくできませんでした。

マクニールらが試したところ、W・Jは12人のよく知っている人物のうち2人しか判別できず、しかも慎重に考えた上で、ようやく2人が誰なのかを言い当てたのです。また写真を見て年齢、性別、表情を把握するのも不可能でした。その一方、有名な建築物、犬の種類、自動車のメーカー、花の種類を言い当てる場合

1993年の研究

- 研究者　ジェーン・E・マクニール、エリザベス・K・ウォリントン
- 研究領域　社会心理学
- 結論　人間の顔よりも羊の顔の方が判別しやすいときもある。

セバスチャン

ミスター・ピクルス

レディ

は、正答率は95％に達しました。

さらにW・Jは、自分が飼っている羊の顔を識別できると主張しました。

羊を見分けられる？

W・Jは羊の群れをすでに2年間所有しており、羊の耳に番号の入ったタグを装着して判別していました。そこで羊の中から16頭を選び、タグが入らないようにクローズアップした顔写真を撮ってW・Jに見てもらいました。W・Jはそのうち8頭を識別できました。それ以外の羊の何頭かについても、たとえば「その羊ならよく知ってるよ。メスで去年子どもを3頭産んだんだ。だけど番号が思い出せない」などと話し、明らかにその羊を見分けていたのです。W・Jにとって、人間の顔よりも羊の顔の方が識別しやすいのは明らかでした。

どの羊かは分かっているのに、タグの番号が思い出せないというトラブルを避けるため、研究チームは異なる実験方法を編み出します。3秒間隔で8枚の羊の顔写真を1枚ずつ被験者に見せ、羊は機嫌がよいように見えるかどうかだけ尋ねます。次に、この8枚の写真に他の羊の写真8枚を加えた合計16枚をランダムな順番で1枚ずつ見せ、最初に見た8頭の羊かどうかを尋ねていくのです。研究チームは同じ実験を、羊の群れの所有者2人と農業従事者5人を被験者にして実施しました。W・J以外の被験者は、羊の顔はどれも同じに見えてしまい、判別するのは到底無理だと答えました。

これに対しW・Jは、人間の顔がまったく判別できませんでした。正答率が50％で、偶然当たる確率と同じですから、おそらく当て推量で回答したのでしょう。しかし羊の識別については、W・Jが他の被験者を圧倒したのは確かでした。

次に研究チームは、W・Jが知らない群れの羊の顔写真を使い、同じ方法で実験を行ってみました。同様の結果が出ましたが、W・Jと他の被験者の差は若干縮まりました。

	W・J	農業従事者	羊の所有者
	識別の正確性（％）		
見慣れた羊	87	66	59
見知らぬ羊	81	69	63
人間の顔	50	89	100

研究チームはさらに別の実験を行います。被験者になじみのない羊の顔写真6枚を見せ、羊にそれらしい名前をつけてもらいます。そして写真をランダムに1枚ずつ見せ、名前を言ってもらうのです。さらに、写真を人間の顔写真6枚に置きかえて、同様のテストを行いました。またもW・Jは人間の顔を判別できませんでしたが、羊の顔の場合は、対照群よりもはるかに良い成績でした。

	W・J	農業従事者	羊の所有者
	識別の正確性（%）		
人間の顔	23	71	78
羊	57	41	55

　マクニールたちはW・Jの症状に戸惑います。W・Jが羊を購入したのは、脳卒中の発作の後なのです。つまりW・Jは、人間の顔を識別できなくなってから羊の顔を覚えたことになります。研究チームは議論を重ね、W・Jの症状について以下のように考えました。

　「W・Jが羊の『原型』をつくり上げ、それを利用して羊の顔の記号化を効率的に行っている可能性がある。それにしてもW・Jが羊を識別する能力の高さは驚くべきものであり、自分が飼っている種類とは異なる種類の羊さえ識別できる。そして最も重要な発見は、このようなW・Jが相貌失認を克服できないことであろう……羊の識別に用いた能力を、人間に対しては活用できていないと思われる」

1994年の研究

超感覚的知覚は存在するのか？

- **研究者**……………
  ダリル・J・ベム、チャールズ・ホノートン
- **研究領域**……………
  知覚
- **結論**……………
  ホノートンの実験は読心術の可能性を示しているが、まだ肯定的な実験結果はない。

超感覚的知覚の証拠を見つける

　ダリル・J・ベムとチャールズ・ホノートンの研究は苦境に陥っていました。最も学究的な心理学者たちが、超感覚的知覚の存在を全面否定しているのです。そして超感覚的知覚の存在を信じている人々さえ、どのようにその能力が発動されるのかまったく分かっていないのです。

超感覚的知覚（ESP）

　1930年代にノースカロライナのデューク大学で、ジョゼフ・B・ラインとその妻ルイーザがESPの研究に初めて本格的に取り組みました。ラインは超常現象と思しきさまざまな事件を調査しました。ラインが特に熱心に取り組んだのは、同僚のカール・ゼナーがデザインした特別なカードを使っての実験でした。

　ゼナー・カードと呼ばれるこのカードは、5種類の模様のカード5枚ずつ、合計25枚で1組になっていました。カードをシャッフルしてから1枚ずつ引いていくのですが、被験者はカードが配られる前に、その模様を言い当てなければなりません。偶然にカードの模様を言い当てる確率は5分の1、つまり20%です。ラインの被験者の何人かはより高いスコアを出しましたが、そのような高確率での的中は再現が困難でした。さらに「実験者効果」（実験者が無意識に答えを示唆してしまうこと）の可能性や、インチキの可能性すら指摘されました。それでも1934年にラインは『超感覚的知覚』という書籍を刊行し、その中でESP（超感覚的知覚）という言葉を使いました。

ガンツフェルトと自動ガンツフェルト

　ベムとホノートンの基本的な計画は、「送信者」が「ターゲット」となる短いビデオクリップを見て考えやイメージを「受信者」に送るというものでした。送信者と受信者は隔離され、互いに連絡できないようにされます。

　セッション——送受信者の交信——開始から30分後、実験者が受信者のいる部屋に入り、4本の短いビデオクリップを見せます。このうち1本はターゲットのビデオクリップです。受信者は、それまでの30分間に受け取った情報に最も

合致するビデオクリップをターゲットだとして選びます。

　リラックスや瞑想をしているときに精神活動が活発になりやすいことから、ホノートンはガンツフェルト（ドイツ語で全体野という意味です）と呼ぶ方法を開発しました。受信者はヘッドフォンをつけ、リクライニングチェアにリラックスして横たわります。波の音などのホワイトノイズがヘッドフォンに流されます。ピンポン玉を半分に切断したものを目に被せ、温かさを感じる赤い光で照らします。これらの措置は、送信者から送られてくるメッセージを受け取るのに最適な環境に受信者を置くためのものです。送信者からテレパシーでメッセージが送られてくるか、あるいは受信者がクレヤボヤンス（千里眼）の力を使い、送信者が見ているビデオクリップを直接見るのです。

　送信者が「送信中」は、受信者は把握した情報やイメージについて喋り続けます。受信者の言葉はすべて記録され、後で分析されるのです。

　最初のガンツフェルト実験は議論の的になり、実験者効果やインチキがあったのではないかと言われました。批判を抑え込むため、ホノートンは苦心して自動ガンツフェルトという仕組みをつくります。ガンツフェルトを自動化し、問題が起きないようにしようと考えたのです。ホノートンはコンピューターを導入しました。80本のビデオクリップをコンピューターに溜めておき、そこからビデオクリップを選ぶようにしました。ビデオクリップをくり返し再生し、送信者が何度も見れるようにもしました。

　セッションが終わると、実験者が受信者の目からピンポン玉を取り去り、赤い光を放つライトを消し、ホワイトノイズを消してからモニターのスイッチを入れます。モニターには、送信者が見ていたビデオクリップ１本と、コンピューターが選んだビデオクリップ３本がランダムな順番で映されるので、受信者はその中

からターゲットを選ぶことになります。受信者は望むだけビデオクリップを見直し、ターゲットだと思われる順にクリップに点数付けをします。最終的な点数をコンピューターに入力した後、送信者が受信者の部屋に入り、結果について話し合いました。受信者の部屋で座っていた実験者は、この話し合いまで、どのビデオクリップがターゲットなのか知りません。ホノートンはこれだけ厳しい手順を設けたので、実験者効果やインチキを防げただろうと考えました。

結 果

受信者が見るビデオクリップは４本で、そのいずれもがターゲットで有り得るわけですから、偶然だけに頼った場合にターゲットを当てる確率は４分の１です。したがって、25％を大きく上回る正答率であれば超常現象の証拠となります。

超能力者である可能性が高いとされた人々を中心に240人を被験者にした大規模な実験が行われ、329回のセッションでターゲットが当てられたのは106回でした。正答率は32％ですので、偶然当たる確率の25％をかなり上回る結果でした。

ホノートンらは、芸術家が一般の人々より超感覚的知覚に優れているのかどうかを見極めるため、ジュリアード音楽院から男女それぞれ10人の被験者に来てもらいました。音楽部門の学生８人、演劇部門の学生10人、舞踏部門の学生２人という構成です。このグループでは１人につきセッションを１回行いましたが、正答率50％という驚異的な結果になりました。

結 論

ベムとホノートンは世界で初めて、科学的に超感覚的知覚の存在を証明したと信じました。２人の論文は、超常現象の論文として初めて、主流派の心理学ジャーナルから刊行を認められたのです。

しかし残念なことに、資金難からホノートンの研究所は再現実験が行われる前に閉鎖されてしまいます。ホノートン自身、論文の刊行が認められる９日前に亡くなりました。以後、このような超感覚的知覚に肯定的な実験結果を誰も出していません。

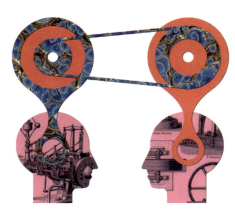

なぜ違いに気づかない場合があるのか？

「変化の見落とし」の奇妙な現象

1995年の研究

- 研究者……………ダニエル・J・シモンズ、ダニエル・T・レヴィン
- 研究領域…………知覚
- 結論………………人間はすぐ目の前にあるものでさえ、見落とすことがある。

　誰かが見ている光景を気づかれずに少しだけ変えるには、その人の注意をわずかにそらすだけですむことがあります。「変化の見落とし」は1995年、英国の心理学者スーザン・ブラックモアと同僚の研究者によって最初に報告されました。それによれば、わずかな違いしかない2枚の画像を、間にフラッシュ・フレームや空白のフレームが挟まれた形で別々に見た場合、違いに気づきにくいということです。また、2枚の画像をスクリーン上に映す位置が少しずれていても、同様の傾向が見られます。これらの実験は、すべて2次元の画像を用いて行われました。

　その後、同じ年のうちにアメリカの実験心理学者ダニエル・J・シモンズとダニエル・T・レヴィンが3次元——描いた絵ではなく実物を撮影したという意味です——の画像で同様の実験を行いました。2人は短いビデオクリップを制作しました。ビデオでは俳優が誰もいない教室を横切って椅子に座り、いったんクローズアップに切り替わってからもとの構図に戻りますが、この間に俳優が入れ替わっているのです。2人の俳優は容易に見分けがつくにもかかわらず、40人の被験者のうち俳優の交代を指摘したのは33％に留まりました。

実世界で（実験その1）

　シモンズとレヴィンは現実の世界でも同様の実験を行い、被験者が実験者と関わりを持っている状態であっても、変化の見落としが起こるかを確かめることにしました。

　1人の実験者がコーネル大学のキャンパスで地図を持って待機します。そして警戒感を持っていなさそうな歩行者がいたら、近寄って図書館への道順を尋ねるのです。実験者と歩行者が10〜15秒会話したタイミングで、他の2人の実験者がドアを担いで登場し、最初の実験者と歩行者が話している場所を通ります。このときドアは歩道と平行

にしておき、無作法にも、会話している2人の間を通り抜けるようにします。

　ドアが通り抜ける間に、最初の実験者はドアの陰に隠れてその場を離れ、別の実験者がドアの陰で待機します。そしてドアが通り過ぎると、図書館への道順を尋ねる会話に戻るのです。

　2人目の実験者は最初の実験者と同じ地図のコピーを持っていますが、服装は異なります。歩行者が道案内の説明を終えると、2人目の実験者が「私たちは心理学部の研究に参加しています……現実の世界で人々が何に注意を払っているかを調べるのが目的です。ところであなたは1分ほど前にドアが通り過ぎた際、何か変わったことに気づきましたか？」と質問をするのです。

　そして実験者の交代に気づいていない歩行者には、「私が、図書館の方向を聞きに近寄ってきた人と同じではないことに気づきましたか？」と直接的な質問をぶつけてみます。

　この実験では、20〜65歳までの男女15人を被験者にしました。何か変わったことがなかったかという質問に対しては、大半の被験者がドアを運んでいた人たちは不作法だと答えています。そして8人――被験者の半数を超える人数です――は、実験者の交代に気づいていませんでした。交代に気づかなかった被験者は、ただひたすら会話を進めていただけでした。会話の途中で相手が入れ替わっていたことを知り、驚いていました。

　興味深いことに、交代に気づいていた被験者は全員が実験者と同じ

20〜30歳代で、年配の被験者は交代に気づきにくい傾向がありました。研究チームは、若い歩行者は実験者が同年代である（内集団である）ことから、その特徴により強い関心があったためではないかと考えました。

実験その2

仮説を検証するため、研究チームは同様の実験をさらに行いました。警戒心を持っていなさそうな通行人に声をかけるのですが、今度は実験者が建築業者の服装──ちょうど近くに建設現場がありました──をしているのです。そして1人目と2人目の実験者の服装を、まったく異なるものにしておきました。

実験者は20〜30歳代の若い歩行者に的をしぼって話しかけましたが、12人の被験者中、交代に気づいたのはわずかに4人でした。

実験者の2人は明らかに違いがわかる服装をしていましたが、「建築業者」である──つまり自分たちの外集団に属する──ことから、被験者は詳しく観察する必要はないと判断したのでしょう。研究チームはこのように記しています。「ある女性被験者は、建築業者であることは見てわかったが個人の特徴までは記銘（符号化）しなかったと言った……実験者が関心の中心にあったとしても、この被験者は実験者の姿の細かい部分までは記銘せず、交代後の実験者の姿と比較することもなかったのである。個人としてとらえるのではなく、『建築業者』というカテゴリーの代表者としてとらえていたのである」

シモンズとレヴィンは、これらの実験はエリザベス・ロフタス（119ページ参照）とフレデリック・バートレット（34ページ参照）の研究成果を土台にしたと説明しています。ただし、人間は対象の人物と活発に関わり、その人物の変化が視界の中央で起きたとしても、変化に気づかないことがよくあることを新たに示したと指摘します。この実験について説明された心理学部の学生50人は、口をそろえて、自分たちなら交代に気づいたはずであり、これは「変化の見落としを見落とす見落とし」と言うべき事態だと主張しました。

私たちはこのようにはだまされないと考えますが、往々にしてだまされてしまいます。数多く行われているこのような実験は、自分が見ていないだけで、実際はとても多くのことが周囲で起きているのではないかという疑念を引き起こすものです。

1998年の研究

- 研究者⋯⋯⋯⋯⋯⋯
  マルチェロ・コスタンティーニ、パトリック・ハガード
- 研究領域⋯⋯⋯⋯⋯⋯
  知覚
- 結論⋯⋯⋯⋯⋯⋯⋯
  人間は、自分の身体の位置を誤って知覚することがある。

偽の手を自分の手と混同するだろうか？

「ゴムの手」錯覚

　手を目の前のテーブルの上に置いてみてください。その隣には偽の手（ゴム手袋をふくらませて使ってみましょう）を、本物の手と同じ向きにして置きます。それからあなたの手を隠して、誰かにあなたの手と偽の手の両方を同時に同じように絵筆でなでてもらってください。すると突然、偽の手を自分の手であるかのように感じるでしょう。この錯覚は、ピッツバーグ大学の2人の精神科医マシュー・ボトヴィニックとジョナサン・コーエンにより1998年に発見されました。

　人間は誰しも自分の身体に触れ、目で確認し、自分の身体を所有していると感じています。精神科医は「身体図式」や身体像という言葉を使います。身体図式とは自分の身体のモデルのことで、目を閉じても思い描き把握できるものです。身体図式を持つと手足がどこに位置するかがわかり、障害物にぶつからずに歩き回れるのです。「自己受容感覚」と呼ばれる感覚の一部です。

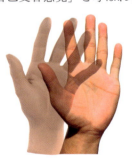

　身体像は、どのような外見であるかなど、自分の身体について持っている概念です。身体図式と身体像の両者で、自意識の安定した基盤を構成します。

　アメリカの研究者マルチェロ・コスタンティーニとパトリック・ハガードは、この考え方をさらに推し進め、私たちが自身の身体について経験することは、主として身体の内側（身体図式）に由来するのか外側（身体像）に由来するのかを確かめることにしたのです。

実　験

　被験者はテーブルを前に座って腕を前方に伸ばし、広げた手のひらを下にし

て手をテーブル上に置きます。被験者は男女それぞれ13人で平均年齢は28歳でした。被験者の目の前にはゴムの手も置いてありますが、当然のことながらこの手は被験者のものではありません。ゴムの手は被験者の手から30㎝離して並べて置かれています。

次いで被験者の手とゴムの手のまったく同じ場所をまったく同時に筆先の直径が1㎜の絵筆でなでます。絵筆の動きはコンピューターで制御していました。絵筆がゴムの手をなでるのを見ながら、自分の手に絵筆の感触を感じた被験者は、視覚と触覚からの情報で混乱に陥り、ゴムの手を「自分の手のように感じる」と感想を述べるのが普通でした。

この実験から導き出される結論の1つは、被験者は見えない自分の手よりも、目に見える位置のゴムの手を身近に感じていたことです。このような現象を「自己受容感覚のドリフト」と呼びます。この呼び方は、被験者が自分の手がどこにあるかを、身体図式を構成する自己受容感覚で把握していることに由来します。被験者にゴムの手と、本物の手があると感じる位置までの距離を尋ねることで、実験者は錯覚がどれほど強いかを推定できました。最も錯覚が強いケースでは、被験者は自分の手が、実際よりもおよそ5〜8㎝ほど、ゴムの手に近い位置にあると感じています。この差が自己受容感覚のドリフトによるものなのです。

マルチェロらは、絵筆を動かす方向と手の向きをさまざまに変化させるとどうなるかも実験しています。被験者を2つのグループに分け、まず同じ方法で試行してもらいます。被験者の手とゴムの手を、向きが同じになるよう並べ、手の甲を中指に向けて絵筆でなでます。これが基本となる形態です。

第1のグループでは被験者の手を動かし、第2のグループではゴムの手を動かします。研究チームは、第2グループではゴムの手が動くのを目で見て認識できるため、より早く錯覚が消え去るだろうと予想しました。第2グループの被験者は手の向きの変化を視覚で容易に把握できますが、自己受容感覚の変化だけを感じる第1グループの被験者はそうはいかないだろうというのが根拠です。

まず絵筆でなでる向きを変えてみます（次ページ左端の図）。次に手（第1グループは被験者の手、第2グループはゴムの手）の向きを変え、それに合わせて絵筆でなでる向きも同じように変えます。「手を中心として」見たときには絵筆の動きは変わりません（中央の図）。そして最後に手の向きのみを変え、

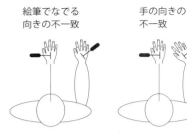

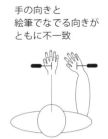

絵筆を動かす向きは変えません（右端の図）。最後の変化では、被験者が手を中心として絵筆の動きを感じ取っている場合は不一致が生じますが、自分の身体の中心を基準にしているのであれば、絵筆の動きに変化はなく不一致は生じません。なお、図は被験者の手を動かしていますので、第1グループの例です。

継続する錯覚

第1グループ——被験者の手を動かして自己受容感覚の変化を感じとる——では、手の向きを10度回転させるとそれまで感じていた錯覚に違和感を感じ、20度と30度まで角度をつけると不一致の感覚が急激に増大しました。これに対し第2グループ——ゴムの手を動かして視覚で変化を認識する——では、ゴムの手を10度回転させただけで錯覚はきれいに消えてしまいました。つまりゴムの手の角度が変わるのを目で見た方が、自分の手の向きが変わるのを感じるよりも、錯覚を打ち消す力が強かったのです。

また「ゴムの手」錯覚の実験では、3番目のパターン（上図右端）で劇的な実験結果が出ました。被験者は絵筆が手の中心線に沿って動いていると感じたのです。実際には、絵筆はゴムの手では中心線に沿って、そして被験者の手では中心線からずれた向きに動かされていました。

研究チームは次のように結論を出しました。「脳は、自己受容感覚に基づく身体内の器官の独特な空間的構成をイメージとして保持している。このイメージは、刺激を受けた部分からの視点で位置関係を表す」。つまり、手がなでられると手からの視点で身体の各部の位置関係が把握されるのであり、身体の中心からの視点を用いるわけではないのです。

なぜ自分をくすぐれないのか？

くすぐりについての疑問に答える

2000年の研究

- ●研究者……………
サラ＝ジェイン・ブレイクモア、ダニエル・ウォルパート、クリス・フリス
- ●研究領域……………
神経心理学
- ●結論……………
くすぐりと統合失調症の間には驚くような関係があった。

　自分で身体を動かした場合と、何かに身体を動かされた場合の感じ方の違いははっきりしています。誰かを押した場合と自分が押された場合の感じ方も、明らかに違います。ブレイクモアらは、このように明確な違いを感じる理由を以下のように説明します。私たちが何かをしようとする場合、脳は筋肉に「このように動きなさい」というメッセージを送ります。同時に「遠心性コピー」と呼ばれる事前警報を発し、予定される行動にともなって身体をどのように動かすかを意識させるのです。遠心性コピーのおかげで、私たちは自分の腕が誰かを押すために前に伸びるのを見ても驚かないのです。もし事前警報なしに突然腕が動くのを見れば、驚いてしまうでしょう。

　頭や目を動かして何かを見た場合には、事前警報によって、それらの品物が周囲の世界のどこにあり、直前に見ていたものとどのような位置関係にあるかを理解できます。

　両目を開けて、目の外端付近のまぶたをやさしく押してみましょう。周囲が斜めに見えるはずです。これは眼球が動き始めるという情報を脳が察知できず、視覚からの情報を上手く処理できなかったためです。

　つまり異常がなければ、日常的な身体の動きは事前に計画がなされているのです。身体を動かすようにという指示が出されて実際に身体が動くと、計画通りに動いたか、さらなる調整が必要かの確認が行われます。事前の計画と、計画通りに身体が動いたかどうかの報告を利用することで、身体の動きによって生じる衝撃や驚きを緩和できるのです。

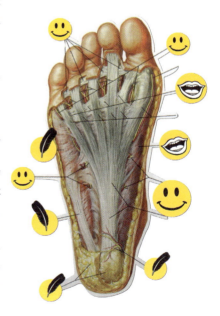

自分でくすぐる

　自分をくすぐっても、本当にくすぐったくなることはありません。くすぐられていると感じはするものの、とてもくすぐったいというほどではないのです。ブレイクモアたちは、事前警報は皮膚がソフトな刺激を受けることを事前に知らせるだけでなく、それがいつ、身体のどの部分で発生するかまで教えてくれるためだと示唆します。その結果、大きな感情の動きは自動的に低減されてしまうというのです。

　この仮説を検証するため、ブレイクモアらは16人の被験者に右腕を伸ばした姿勢をとってもらい、手をくすぐってみました。そしてどれほどくすぐったいかをランク付けしてもらったのです。ロボット・アームの指先に石鹸の泡をつけて、被験者をくすぐるのに用いました。ロボット・アームの指先が8の字を描くようにして、1.5cm幅の往復運動を1秒間に2回のペースで実行しました。

　まず上記の通りにロボット・アームを動かすと被験者はとてもくすぐったがり、3.5ポイントという値をつけました。次に被験者自身が、別のロボット・アームを左手で持って動かしてみます。この第2のアームの動きは先ほど被験者をくすぐった第1のアームに伝えられ、2本のアームが完全に同じ動きをするようになっていました。被験者は第2アームのつまみを持って動かすことで、第1アームを自由に動かせるのです。

　この実験方法の利点は、実験者が第1アームの動き方を調整できることです。第1アームの動きを、被験者の手の動きと同じ速さまで遅らせることも、被験者の手の動きからわずかに遅れて――1秒未満でも指定できました――動かすこともできます。動く向きを変えて、例えば被験者が第2アームを北から南へと動かしたときに、第1アームを北東から南西に伸びる8の字を描くように動かすこともできました。

結　果

　被験者たちは、ロボット・アームにくすぐられるのに比べると、アームを介在させて自分でくすぐる場合のくすぐったさははるかに小さい（約2.1ポイント）と評価しました。しかし、第1アームの動きが第2アームよりも遅れるほど、また第1アーム

が8の字を大きく描くようになるほど、くすぐったさが増したと答えました。第1アームの動きが第2アームよりも300ミリ秒（1秒のおよそ3分の1）遅れた場合と、8の字の中心が90度に交わるまで第1アームの振れ幅が大きくなった場合は、ロボット・アームにくすぐられるのとほぼ同じくすぐったさ（3.5ポイント）になりました。これらの結果は、自分自身をくすぐったときに、身体の動きが事前警報として伝えらえるため、くすぐったさが低下するという仮説を強く裏付けるものでした。第1アームに動きの遅れや8の字運動への変換を設定しなかったときは、くすぐったさのポイントは50％近く低下しています。これに対し、第1アームの動きが遅れるほど、あるいは8の字運動の振れ幅が大きくなるほど、事前警報は正確性を失いました。その結果、くすぐったさが増したのです。

統合失調症との関係

　身体の動きについて事前の計画がなく、動きの確認も行われない場合は、統合失調症が疑われます。統合失調症の一般的な症状に幻聴（実在しない音声が聞こえる）がありますが、この幻聴は、事前警報なしに頭の中で声や考えがつくり出された結果かもしれないのです。統合失調症では「カタレプシー」（受動的に同じ姿勢を続け、自分で変えようとしない）も一般的な症状です。たとえば、特定の動作を他者から強いられているように感じるのです。「自分の指がペンをつまんだが、自分ではそんなことをしようとは思っていないんだ。指がやっていることは、自分とは関係ないんだ」という具合です。事前警報がなければ、このように感じるかもしれません。

　では、くすぐったいと感じることと、統合失調症の間に本当につながりがあるのでしょうか。そのことを調べるため、ブレイクモアらはくすぐり実験を統合失調症、双極性情動障害、抑うつ症のいずれかを発症している患者を被験者として実施しました。幻聴とカタレプシーの両方あるいは片方の症状が認められる患者15人をAグループ、どちらの症状も認められない患者23人をBグループとしました。対照群として患者ではない人15人をCグループとしました。

　被験者は全員が右手を伸ばした姿勢をとり、実験者がくすぐるか、自分の左手でくすぐるというテストを受けました。BとCグループは、自分でくすぐった方が、実験者にくすぐられたときよりも刺激が少なく、くすぐったくなく、気持ち良さも感じなかったと回答しました。ところがAグループの患者たちは、自分で自分をくすぐっても、実験者にされたときと同じようにくすぐったかったと答えたのです。

　この実験結果は、幻聴とカタレプシーが、身体の動きについての重要な事前警報がないことと深く結びついていることを示唆しています。

2001年の研究

- 研究者……………………
  ヴィラヤヌル・S・ラマチャンドラン、エドワード・H・ハバード
- 研究領域……………………
  知覚
- 結論……………………
  一部の人の知覚はすべて連動している。

数字の7はどのような味だろうか？

共感覚の並外れた力

　ごく一部の人、おそらく1000人に1人程度は、知覚が妙に混ざり合った経験をしています。番号を特定の高さの音として聞いたり、手紙を味わったり、曜日から色が喚起されたりしているのです。このような現象を共感覚と呼び、ときに遺伝することがあり、男性よりも女性、右利きの人よりも左利きの人の中に多く見られます。芸術家や詩人に多いのも特徴です。

本当に感じているのか幻想か

　フランシス・ゴールトンが1880年、共感覚の論文を初めて発表しましたが、それから1世紀以上に渡り科学者は共感覚をまともに取り上げませんでした。そして、以下のような説明がなされていました。

1．共感覚を持つという人は頭がおかしいに過ぎず、知覚したという現象は、過剰な想像力の結果でしかない。

2．共感覚を持つという人は子ども時代のことを思い出しているだけである。数字に色がつけられた本を読み、冷蔵庫にはりつく数字が書かれた色つきマグネットで遊んだ経験があるのだ。

3．共感覚を持つという人は、空虚で脈絡のない会話をしているか、隠喩を用いた表現をしているに過ぎない。ちょうど「bitter cold（身を切るような寒さ）」「sharp cheese（味に鋭さがあるチーズ）」などと言うようなものだ。

4．共感覚を持つという人はマリファナ常用者かＬＳＤ常用者など、麻薬中毒である。

　なお4番目の説明はまったく的外れというわけではなく、ＬＳＤの使用者は、薬物の摂取をやめてから長期間経っても共感覚現象を訴えることがよくあります。

　ヴィラヤヌル・S・ラマチャンドランとエドワード・H・ハバードは共感覚を訴える人の声を真剣に聞き、調査に取りかかることにしました。共感覚が根ざしているのが想像力や記憶なのか、それとも視覚なのかを判別するための優れた実験方法をいくつも考え出したのです。ここではその中から2つを取り上げます。

共感覚者にはどのように見えるのか

ラマチャンドランたちは、四角形の枠の中に数字の2と5が配された図をつくりました（右図参照）。たくさんの5の中に2が三角形を描くように置かれているのですが、わかりますか？

非共感覚者は2を発見するのに数秒はかかりますが、もし2と5が異なる色で書かれていれば（次ページの図参照）、一目見た瞬間に2が目に飛び込んで来るはずです。これこそ、共感覚者に起きている状況なのです。共感覚について、これほどわかりやすい説明は、それまでなされてきませんでした。

共感覚者によれば、「誤った」色がつけられた数字は醜いそうです。「共感覚者はまた、『異様な』あるいは奇妙な色を見たということが多い。現実世界では見られない色だが、数字が関わる場合だけ現れるという。最近、色を識別できない共感覚者に実験に協力してもらったが、この被験者は数字を見たときだけ色を知覚した」

ラマチャンドランたちは、脳内における色の処理は、人間もサルも紡錘状回（ぼうすいじょうかい）と呼ばれる領野で行われると述べています。紡錘状回は、目にした文字や数字を処理する領野のすぐ隣に位置しています。そして最も一般的な共感覚の特徴は、文字や数字を色として知覚することなのです。ラマチャンドランらは、脳内のこの2つの領野で混線（クロス配線と呼んでいます）が起こり、両方の領野が同時に活性化しているのではないかと推測しています。

また、共感覚者の親から生まれた子どもが共感覚を持つケースが多いことから、ラマチャンドランたちは次のように考えました。「単一の遺伝子突然変異が、過剰なクロス配線を生み出したり、脳内の領野をつなぐ過剰な結合を（成長にともなって）切断する際の誤りを引き起こす。その結果、数字を処理する領野の神経細胞が活性化すると、それに（誤って）つながっている、色を処理する領野の神経細胞も活性化するのだろう」

トップダウンで起きる現象

ラマチャンドランとハバードは、共感覚者に今度はローマ数字のIVを見せてみました。共感覚者はアルファベットに似ているIやVのときは色を知覚しましたが、IVでは色を知覚しませんでした。

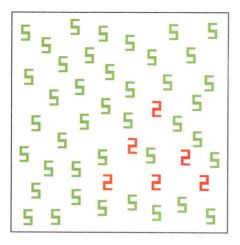

　これらの実験結果を加味すると、共感覚はトップダウンの仕組みの中に組み込まれていると思われます。色を知覚する前に何らかの処理が行われ、その結果によって色を知覚する機能が働いているのは明らかだからです。

結　論

　長く推論が多い論文の最後で、ラマチャンドランとハバードは次のように結論づけています。

　「共感覚は常に気味の悪いものとして扱われてきた。その存在が知られて100年以上が経つというのに、相変わらず奇妙な現象と考えられることが多い……我々の精神物理学実験は、共感覚が本物の感覚現象であることを初めて確定的に示したのである」

　ラマチャンドランらは共感覚の研究が、メタファーと創造力の神経的基礎の理解に役立つだろうと推測しています。

　「大ざっぱに言えば、紡錘状回でクロス配線を引き起こしたのと同じ突然変異が、脳内でより広範囲のクロス配線を引き起こしたと考えれば、芸術家、詩人、小説家などに見られる高次の共感覚を説明できる。これらの職業の人々では、クロス配線がより多く発生し、メタファーをつくる力を高めていると思われる」

　そしてラマチャンドランたちは最後に、言語の誕生についても、共感覚で説明する新しい説を構築できると示唆しているのです。

体外離脱は絵空事か？

体外離脱を分析しきれていない科学

2007年の研究

- 研究者……………………
  ビニャ・レンゲンハーガー、テージ・タディ、トーマス・メッツィンガー、オラフ・ブランケ
- 研究領域……………………
  知覚
- 結論……………………
  体外離脱の実在を証明する決定的な証拠は存在しない。

　10人に1人は、生涯に少なくとも1回は体外離脱を経験しているようです。典型的な体外離脱は、肉体から離れる感じを受け、肉体とは別の位置から周囲が見えるようになるというものです。天井近くから下を見下ろしていたという経験もよく聞かれます。体外離脱は、臨死体験の劇的な部分を構成する要素にもなります。臨死の経験談では、心臓発作を起こした患者が、気がついたら自身の肉体に蘇生措置を施している医療スタッフを身体の外から見ていたという場面があります。ですが体外離脱は、健康な人々にとっては臨死よりもはるかに身近な現象です。たいていは非常にリラックスした状態かごく浅い眠りの状態で発生します。まれですが、講義をしている最中だとか、舞台に立っているときにも発生しています。ある女性は、自動車運転の実技試験中に体外離脱しましたが、運転は続けたそうです。

　体外離脱したらもとの肉体に戻れないのではないかと心配する人々もいます。実際のところ、体外離脱した状態を保つ方が、肉体から抜け出るよりも困難で、数秒から数分間しか続かないのが普通です。何度も体外離脱を楽しみ、他の人にも同じ経験をするようすすめている人もいます。そのような経験者の中には、深い眠りに落ちる前の入眠状態を維持したり、ケタミンなどの薬物を摂取することで、体外離脱に似た状況をつくり出せると主張している人もいます。

　トーマス・A・エジソンは発明で難題にぶつかったときは、意図的に入眠状態に入っていたと伝えられています。椅子に腰かけたエジソンは、バケツを抱え、頭に1ドル硬貨を載せていたそうです。こっくりとすると、1ドル硬貨がバケツに落ちて精神を目覚めさせました。一方、肉体は眠りの状態にありました。体外離脱に関して先駆的な存在であるシルバン・モルドゥーンは、前腕を垂直に立ててたまま眠っていました。前腕が倒れたときに体外離脱できるのではないかと期待していたそうです。

心理学の対象か超常現象か

　体外離脱に関する大きな問題は、体外離脱を経験している間に、実際に何かが肉体から抜け出ているのかということです。魂や霊魂が肉体から離れられるという理論は、多数の文化圏にさまざまな形態で存在し、死後も消滅せず存在し続けるとさえ言われています。そのような理論の1つが幽体離脱で、人間は「薄い肉体」とも言える幽体（アストラル体）を持っており、幽体に肉体から抜け出してアストラル界に入れると主張しています。しかしアストラル体とアストラル界の存在を示す、信頼できる証拠はありません。また、体外離脱をした多数の人々が、肉体から離れた位置から周囲を見ていたと主張しますが、これが事実であることを示す質の高い証拠もないのです。

　2002年、スイスの神経外科医が脳の中に体外離脱を引き起こせる部位があることを発見しました。以後、体外離脱に関する科学的研究が爆発的に増加します。脳の研究も含まれており、さらにビニャ・レンゲンハーガーがチューリッヒで同僚とともに実施したような、仮想現実を用いた実験もありました。レンゲンハーガーらは「ゴムの手」実験（160ページ参照）の手法を応用し、人工的に体外離脱を引き起こそうとしたのです。「ゴムの手」実験では、視覚が自己受容感覚よりも優位に立つことが確認されました。レンゲンハーガーらは同様の結果を得られるのではないかと考え、被験者を仮想現実の世界に誘ったのです。

実験A

　被験者はヘッドマウント・ディスプレーを装着し、実験室の中央に立ちます。2m後方に三脚を置いてビデオカメラをセットし、被験者の後ろ姿を撮影します。映像は被験者のヘッドマウント・ディスプレーに送ります。これで被験者は、あたかも2m前方に立っているかのように見える自分の後ろ姿を3D映像で見ることになります。実験者は次に被験者の背中を1分間なで続けます。背中をなでられている映像を見ながら、自分の背中がなでられているという感覚を味わい、被験者は2m前方に立っている自分を見ているのだと信じ込むようになります。ここで、映像で背中をなでるタイミングと、実際に背中をなでるタイミングがずれればずれるほど、被験者がそのように信じ込む効果は薄くなってしまいます。

　背中をなで終わると同時に被験者は目隠しをされ、もと居た場所に戻るよう指示されます。事前に予想されていた通り、被験者は前に向かって――映像の中で（仮想の）自分がいた場所に向かって――歩き出しました。背中をなでる

タイミングが映像と実際で同期していた場合には、この「自己受容感覚のドリフト」は平均24cmでしたが、タイミングがずれていたときには半分ほどの距離にしかなりませんでした。

実験BとC

次の実験では、実験者はビデオカメラの前に偽の身体（人形）を置き、被験者にはその2m脇に立ってもらいました。そして被験者と人形の両方の身体をなでたのです。被験者は、あたかも2m前に立っているかのように見える人形がなでられるのを見ながら、同じタイミングで自分の背中をなでられることになります。背中をなでるタイミングを正確に同期させると、被験者は実験Aで自分の身体の映像を見ていたときと同じく、自分がなでられているのを見ているかのように感じ始めます。目隠しをしてもとの位置に戻るよう言われると、被験者は前に進みました。「自己受容感覚のドリフト」を実験Aのときより若干多く感じているようでした。

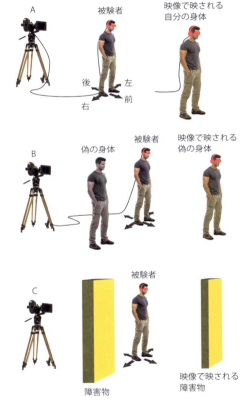

しかし人形の代わりに箱を使うと、被験者は映像に映る箱を自分の身体のようには感じなくなり、事実上「自己受容感覚のドリフト」を見せなくなりました。

結論

レンゲンハーガーらはこのように記しています。「自分の肉体よりも外の場所に、幻の自己位置取得を行ったことは、肉体的な自意識と自我は、自分の物理的肉体の位置とは無関係に定められていることを示している」

その一方でレンゲンハーガーたちは、被験者が肉体から抜け出したと感じなかったことと、被験者がもともとの視野を維持していた──上から自身を見ていたという経験談とは異なる点です──ことから、これらの実験では典型的な体外離脱のごく一部しか引き起こしていないと認めています。

索　引

▶あ

アッシュ、ソロモン・E	60-63
アリストテレス	6
アルバート坊や	26, 28-30
アロン、アーサー・P	7, 125-26
意識	136-41
意志決定	122-24, 138-141, 142-44
ウェイソン、ピーター	105, 110-12
ウォリントン、エリザベス・K	151-53
ウォルパート、ダニエル	163-65
ウォレス、J・G	81-83
ヴント、ヴィルヘルム	6
エインズワース、メアリー・S	101-3
エジソン、トーマス・A	169

▶か

カーネマン、ダニエル	86, 105, 122-24
学習	28-33, 37-39, 48-50, 81-83, 128-30
ガザニガ、マイケル・S	93-95
ガンツフェルト	154-55
キーチ、マリアン	57-59
記憶	34-36, 119-21
グリーソン、カーティス・A	138-41
グリーン、デイヴィッド	116-18
クレア、リンゼー	56
グレイヴス、ナンシー	87-89
グレゴリー、リチャード・L	81-83
クレバー・ハンス（馬）	100
コーエン、ジョナサン	160
ゴールトン、フランシス	123, 148, 166
ゴットマン、ジョン	33
コスタンティーニ、マルチェロ	160-62

▶さ

ジェームズ、ウィリアム	7, 8
ジェノヴィーズ、キティ	96
シェリフ、キャロライン・W	73-75
シェリフ、ムザファー	73-75
児童	64-66, 70-75, 98-100, 116-18
シモンズ、ダニエル・J	157-59
シャクター、スタンレー	57-59
シャピロ、ダイアナ	110-12
ジンバルドー、フィリップ	106-9
心理学	
一般心理学	19-21, 60-63
応用心理学	60-63
社会心理学	40-45, 73-80, 87-92, 96-97, 106-9, 113-15, 116-18, 148-53
神経心理学	93-95, 134-35, 163-65
動物心理学	16-21, 26-27, 37-39, 48-50, 64-66
発達心理学	51-53, 64-66, 101-3, 145-47
スキナー、バラス・F	15, 26, 37-39, 48
ストラットン、ジョージ	13-15
スノー、C・P	78
スパーリング、ジョージ	67-69
スペリー、ロジャー・W	93-95
スペンス、ケネス・W	50
スミス（偽医師）	87-89
ゼナー、カール	154
セリグマン、マーティン	128-30
ソーンダイク、エドワード	7, 9, 16-18, 26, 37-38
ソマー、ロバート	90-92
ソロモン、リチャード・L	128

▶た

ダーウィン、チャールズ	7, 8, 10-12
ダーリィ、ジョン	96-97
ダットン、ドナルド・G	7, 125-26
タディ、テージ	169-71
ダルリンプル、サラ	87-89
知覚（記憶も参照）	10-15, 22-25, 67-69, 81-83, 104, 131-35, 154-62, 166-71
聴覚	54-56
ツァイガルニク、ブリューマ	31-33
ツインマーマン、R・R	64-66
ディクスン、ウィリアム・J	40-42
デカルト、ルネ	6, 83
瞳孔径測定	84-86
トールマン、エドワード・C	48-50
トベルスキー、エイモス	105, 122-24

▶な

ナイサー、ウルリック・G	104
ニスベット、リチャード・E	116-18
認知	31-33, 34-36, 57-59, 67-69, 81-83, 110-112, 122-24, 142-44
認知的不協和	57-59

▶は

ハーヴェイ、O・J	73-75
バーガー、アルバート→「アルバート坊や」参照	
パーキー、メアリー・チヴス・ウェスト	22-25
バーグマン、モー	54-56
バード、ランドルフ・C	148-50
バートレット、フレデリック	34-36, 159
パール、デニス・K	138-41
ハーロー、ハリー・F	64-66, 101
ハガード、パトリック	160-62
ハバード、エドワード	166-68
パブロフ、イワン	7, 9, 19-21, 26, 28, 37-38, 128
ハリガン、ピーター・W	135
バロン=コーエン、サイモン	145-47
バンデューラ、アルバート	70-72
ピアジェ、ジャン	7, 51-53
ピアス、チェスター・M	87-89
ビーティ、J	86
ピグマリオン効果	98-100
ビジャック、エドアルド	134-35
ヒューズ、マーティン	53
ファウラー、E・P	54
フェスティンガー、レオン	7, 57-59
フェリペ、ナンシー・J	90-92
フッド、ウィリアム・R	73-75
ブラックモア、スーザン	157
プラトン	6
ブランケ、オラフ	169-71
フリス、ウタ	145-47
フリス、クリフ	163-65
ブレイクモア、サラ=ジェイン	163-65
ブロードベント、ドナルド・E	142-44
ブロッツマン、エヴェリン	87-89
フングスト、オスカー	100
ヘス、エックハルト	84-86
ベム、ダリル・J	154-56
ヘラー、モーリス・F	54-56
ベリー、ダイアン・C	142-44
ベル、シルヴィア・M	101-3
ベンソン、ハーバート	150
ホーソン効果	40-42
ボトヴィニック、マシュー	160
ホノートン、チャールズ	154-56
ホフリング、チャールズ・K	87-89
ホワイト、B・ジャック	73-75
ホワイト、ラルフ・K	43-45

▶ま

マーシャル、ジョン・C	135
マガーク、ハリー	131-33
マクドナルド、ジョン	131-33
マクニール、ジェーン・E	151-53
マクブライド、グレン	92
ミラー、ウィリアム・R	128-30
ミルグラム、スタンレー	7, 76, 78-80, 106
ミンスキー、マービン	36
メッツィンガー、トーマス	169-71
モルドゥーン、シルバン	169

▶や

ヤコブソン、カーデル	89
ヤコブソン、レノーア	98-100

▶ら

ライト、エルウッド・W	138-41
ライン、ジョゼフ・Bとルイーザ・E	154
ラタネ、ビブ	96-97
ラマチャンドラン、ヴィラヤヌル・S	166-68
ランク、スティーヴン	89
リーケン、ヘンリー	57-59
リピット、ロナルド	43-45, 50
リベット、ベンジャミン	138-41
レイナ、ロザリー	28-30
レヴィン、クルト	31, 43-45
レヴィン、ダニエル・T	157-59
レスリー、アラン・M	145-47
レスリスバーガー、フリッツ・J	40-42
レッパー、マーク・R	116-18
レンゲンハーガー、ビニャ	169-71
ローゼンタール、ロバート	98-100
ローゼンハン、デイヴィッド・L	113-15
ロス、D	70-72
ロス、S・A	70-72
ロフタス、エリザベス	105, 119-21, 159

▶わ

ワトソン、ジョン・B	28-30

用語解説

運動感覚 手足や身体の動きを把握する感覚。
オペラント条件づけ 特定の行動に対して報酬を与える（強化）か罰を与え（弱化）て学習させること。
外集団 その人物が属していないグループ。
外発的報酬 何かを成し遂げた際に期待される報酬。高い満足感を得させることはできない。
ゲシュタルト 個々の部分が単に集まっただけでなく、それらが組織化されたものの全体を指す。
心の理論 他者が自分とは異なる考えや信念を持っていると理解する能力。
サッカード ある点から近くの別の点へと、注視している対象をすばやく変える眼球の動き。
自己受容感覚 自分の身体の各部分がどのように位置しているかの感覚。
自己受容感覚のドリフト 身体全体やその一部が動いている、あるいは誤った位置にあると感じること。
シェマ 情報のカテゴリーと情報同士の関係を組織化した、思考、行動、経験などのパターン。
内集団 成員が共通の関心を持つ排他的な小グループ。
内発的報酬 何かを上手に成し遂げた満足感や達成感から得られる精神的な報酬。
認知心理学 何かに注目する、言葉を使う、記憶する、知覚する、創造する、問題を解決するなどの認知活動における心理過程を研究する学問。
認知的不協和 2つの両立しない信念を同時に抱えるか、信念に反する情報を受け取ったことで起きる精神的ストレス。
脳波図 頭皮に取りつけた電極で計測した脳波を記録したもの。
脳梁 神経線維が集まった太い帯で、脳の左半球と右半球をつなぎ、両者間の情報のやりとりを担う部位。
反射 刺激に対する本能的な反応。
ヒューリスティック 問題を解く際の近道的方法。一部の情報を無視するため、正しい答えや最良の答えを出せない可能性がある。
変化の見落とし 見ているものに変化があっても気づかない現象。
連鎖化 連続した行動を一つずつ強化していき、複雑な行動を学習させること。

謝　辞

　本書でどの実験を取り上げるべきかを決めるのは困難でしたが、妻スーザン・ブラックモアをはじめとする心理学者6人の協力を得てなし遂げることができました。もちろん哲学者、事務弁護士、郵便局員の協力があったことは言うまでもありません。実験を選んだ後は、楽しい仕事が始まりました。ほぼすべての実験について論文を読み返し、その説明にじかに触れることができたのは、非常にありがたいことでした。

　本書では個々の実験について、不必要な専門用語を用いず簡潔に記述するよう心がけました。研究者の論文には、全体を理解しやすいものがある一方で、難解な書き方をしているものもあります。専門的な統計学の知識は使わないよう配慮しましたが、単なる偶然では起きない事象については、研究者が「驚くべき」あるいは「劇的な」発見をしたなどという言い方をしています。

　本書の執筆中に何度も思い知らされたのは、発明の才の重要性です。優れた科学者は、集中力だけでなく器用さや想像力に富んでいなければなりません。ダーウィンのミミズの研究にその具体例が見られます。

　より新しい時代の例をあげれば、バロン＝コーエンが開発した、サリーとアンの人形を用いた実験です。高価な器材や込み入った手順を必要としないシンプルな実験でありながら、「心の理論」についての興味深い情報を提供してくれました。同様にサラ＝ジェイン・ブレイクモアのくすぐりに関する研究から、統合失調症についての重要な情報がもたらされました。

　本書を執筆している間、筆者は実験心理学だけでなく、人間の心理的性質についても多くを学ぶことができました。楽しく執筆できた本書を、今度は読者のみなさんが楽しんでくださることを願っています。

出 典

Chapter 1 Darwin, Charles. *The Formation of Vegetable Mould through the Action of Worms, with Observations of their Habits* (London: Murray, 1881).

Stratton, George M. "Some preliminary experiments on vision without inversion of the retinal image." *Psychological Review* 3, no. 6 (1896): 611.

Thorndike, E. L. "Animal intelligence: An experimental study of the associative processes in animals," *Psychological Review: Monograph Supplements*, Jun 1898, 2 (4): i—109.

Pavlov, I. P. "Conditioned Reflexes: an Investigation of the Physiological Activity of the Cerebral Cortex," trans. G. V. Anrep (London: Oxford University Press, 1927).

Perky, Cheves West. "An experimental study of imagination." *The American Journal of Psychology* (1910): 422—452.

Chapter 2 Watson, John B., and Rosalie Rayner. "Conditioned emotional reactions." *Journal of Experimental Psychology* 3, no. 1 (1920): 1.

Zeigarnik, Bluma. "Über das Behalten von erledigten und unerledigten Handlungen," *Psychologische Forschung*, 9 (1927): 1—85.

Bartlett, Frederic C. *Remembering: A Study in Experimental and Social Psychology* (Cambridge: Cambridge University Press, 1932).

Skinner, Burrhus Frederic. *The Behavior of Organisms: An Experimental Analysis* (New York: Appleton-Century, 1938).

Roethlisberger, F. J., and W. J. Dickson. "Management and the worker" (Cambridge MA: Harvard University Press, 1939).

Lewin, Kurt, Ronald Lippitt, and Ralph K. White. "Patterns of aggressive behavior in experimentally created 'social climates'." *The Journal of Social Psychology* 10, no. 2 (1939): 269—299.

Chapter 3 Tolman, Edward C. "Cognitive maps in rats and men." *Psychological Review* 55, no. 4 (1948): 189.

Piaget, Jean. *The origins of intelligence in children*. (New York: International Universities Press, 1952).

Heller, M. F., and M. Bergman. "Tinnitus aurium in normally hearing persons." *Ann Otol Rhinol Laryngol* 62, no. 1 (1953): 73—83.

Festinger, Leon, Henry W. Riecken, and Stanley Schachter. *When Prophecy Fails: A Social and Psychological Study of a Modern Group that Predicted the Destruction of the World* (Minneapolis: University of Minnesota Press, 1956).

Asch, Solomon E. "Studies of independence and conformity: a minority of one against a unanimous majority." *Psychological Monographs: General and Applied* 70, No. 9, (1956): 1—70.

Harlow, Harry F., and Robert R. Zimmermann. "The development of affectional responses in infant monkeys." *Proceedings of the American Philosophical Society* (1958): 501—509.

Sperling, George. "The information available in brief visual presentations." *Psychological monographs: General and applied* 74, no. 11 (1960): 1.

Bandura, Albert, Dorothea Ross, and Sheila A. Ross. "Transmission of aggression through imitation of aggressive models." *The Journal of Abnormal and Social Psychology* 63, no. 3 (1961): 575.

Sherif, Muzafer, Oliver J Harvey, Jack White, William R. Hood, and Carolyn W. Sherif. *Intergroup Conflict and Cooperation: The Robbers Cave Experiment*, Vol. 10 (Norman, OK: University Book Exchange, 1961).

Chapter 4 Milgram, Stanley. "Behavioral study of obedience." *The Journal of Abnormal and Social Psychology* 67, no. 4 (1963): 371.

Gregory, R. L., and J. G. Wallace. "Recovery from early blindness." *Experimental Psychology Society Monograph* 2 (1963): 65—129.

Hess, Eckhard H. "Attitude and pupil size." *Scientific American*, 212, (1965): 46—54.

Hofling, Charles K., Eveline Brotzman, Sarah Dalrymple, Nancy Graves, and Chester M. Pierce. "An experimental study in nurse-physician relationships." *The Journal of Nervous and Mental Disease* 143, no. 2 (1966): 171—180.

Gazzaniga, Michael S. "The split brain in man." *Scientific American*, 217, no. 2 (1967): 24—29.

Darley, John M., and Bibb Latane. "Bystander intervention in emergencies: diffusion of responsibility." *Journal of Personality and Social Psychology* 8, no. 4 (1968): 377—383.

Rosenthal, Robert, and Lenore Jacobson. "Pygmalion in the classroom." *The Urban Review* 3, no. 1 (1968): 16—20.

Ainsworth, Mary, D. Salter, and Silvia M. Bell. "Attachment, exploration, and separation: Illustrated by the behavior of one-year-olds in a strange situation." *Child Development* (1970): 49—67.

Chapter 5 Zimbardo, Philip. *Stanford prison experiment*. Stanford University, 1971.

Wason, Peter C., and Diana Shapiro. "Natural and contrived experience in a reasoning problem." *The Quarterly Journal of Experimental Psychology* 23, no. 1 (1971): 63—71.

Rosenhan, David L. "On being sane in insane places." *Science* 179, no. 4070 (1973): 250—258.

Lepper, Mark R., David Greene, and Richard E. Nisbett. "Undermining children's intrinsic interest with extrinsic reward: A test of the 'overjustification' hypothesis." *Journal of Personality and Social Psychology* 28, no. 1 (1973): 129.

Loftus, Elizabeth F. "Reconstructing memory: The incredible eyewitness." *Jurimetrics J.* 15 (1974): 188.

Tversky, Amos, and Daniel Kahneman. "Judgment under uncertainty: Heuristics and biases." *Science* 185, no. 4157 (1974): 1124—1131.

Dutton, Donald G., and Arthur P. Aron. "Some evidence for heightened sexual attraction under conditions of high anxiety." *Journal of Personality and Social Psychology* 30, no. 4 (1974): 510.

Miller, William R., and Martin E. Seligman. "Depression and learned helplessness in man." *Journal of Abnormal Psychology* 34, no. 3 (1975): 228.

McGurk, Harry, and John MacDonald. "Hearing lips and seeing voices." *Nature* 264 (1976): 746—748.

Bisiach, Edoardo, and Claucio Luzzatti. "Unilateral neglect of representational space." *Cortex*, 14, No. 1 (1978): 129—133.

Chapter 6 Libet, Benjamin, Curtis A. Gleason, Elwood W. Wright, and Dennis K. Pearl. "Time of conscious intention to act in relation to onset of cerebral activity (readiness-potential)." *Brain* 106, no. 3 (1983): 623—642.

Berry, Dianne C., and Donald E. Broadbent. "On the relationship between task performance and associated verbalizable knowledge." *The Quarterly Journal of Experimental Psychology* 36, no. 2 (1984): 209—231.

Baron-Cohen, Simon, Alan M. Leslie, and Uta Frith. "Does the autistic child have a 'theory of mind'?" *Cognition* 21, no. 1 (1985): 37—46.

Byrd, Randolph C. "Positive therapeutic effects of intercessory prayer in a coronary care unit population." *Southern Medical Journal* 81, no. 7 (1988): 826—829.

McNeil, Jane E., and Elizabeth K. Warrington. "Prosopagnosia: A face-specific disorder." *The Quarterly Journal of Experimental Psychology* 46, no. 1 (1993): 1—10.

Bem, Daryl J., and Charles Honorton. "Does psi exist? Replicable evidence for an anomalous process of information transfer." *Psychological Bulletin* 115, no. 1 (1994): 4—18.

Simons, Daniel J., and Daniel T. Levin. "Failure to detect changes to people during a real-world interaction." *Psychonomic Bulletin & Review* 5, no. 4 (1998): 644—649.

Botvinick, Matthew, and Jonathan Cohen. "Rubber hands 'feel' touch that eyes see." *Nature* 391, no. 6669 (1998): 756—756.

Costantini, Marcello, and Patrick Haggard. "The rubber hand illusion: sensitivity and reference frame for body ownership." *Consciousness and Cognition* 16, no. 2 (2007): 229—240.

Blakemore, Sarah-Jayne, Daniel Wolpert, and Chris Frith. "Why can't you tickle yourself?" *Neuroreport* 11, no. 11 (2000): R11—R16.

Ramachandran, Vilayanur S., and Edward M. Hubbard. "Synaesthesia—a window into perception, thought and language." *Journal of Consciousness Studies* 8, no. 12 (2001): 3—34.

Lenggenhager, Bigna, Tej Tadi, Thomas Metzinger, and Olaf Blanke. "Video ergo sum: manipulating bodily self-consciousness." *Science* 317, no. 5841 (2007): 1096—1099.